连接更多书与书,书与人,人与人。

HR三支柱

落地实施指南

徐升华　周文霞 ◎ 著

图书在版编目（CIP）数据

HR三支柱落地实施指南 / 徐升华，周文霞著. -- 北京：当代世界出版社，2018.12
ISBN 978-7-5090-1233-8

Ⅰ. ①H… Ⅱ. ①徐… ②周… Ⅲ. ①企业管理－人力资源管理 Ⅳ. ①F272.92

中国版本图书馆CIP数据核字（2017）第151117号

HR三支柱落地实施指南

作　　者：	徐升华　周文霞
出版发行：	当代世界出版社
地　　址：	北京市复兴路4号（100860）
网　　址：	http://www.worldpress.org.cn
编务电话：	（010）83908456
发行电话：	（010）83908409
	（010）83908377
	（010）83908423（邮购）
	（010）83908410（传真）
经　　销：	全国新华书店
印　　刷：	北京宝丰印刷有限公司
开　　本：	710毫米×1000毫米　1/16
印　　张：	15.25
字　　数：	220千字
版　　次：	2018年12月第1版
印　　次：	2018年12月第1次印刷
书　　号：	ISBN 978-7-5090-1233-8
定　　价：	49.90元

如发现印装质量问题，请与承印厂联系调换。
版权所有，翻版必究，未经许可，不得转载！

徐升华

关于作者

中国人民大学劳动人事学院人力资源管理博士（在读）。曾毕业于香港浸会大学，获战略人力资源管理学硕士学位。

拥有大型跨国美资世界500强企业人力资源管理与组织发展15年的实战经验。历任美国 BLU Products 亚太区人力资源总监和美国 Jarden Inc. 中国区人力资源总监。

主要实践交付和研究领域：参与型组织建设；高绩效 HR 管理系统（HR 三支柱）构建与运营；企业大学运营、组织学习与发展；跨文化人力资源管理、高潜业务领导者的选拔与发展、HR（BP）领导力发展；定制化领导力发展学习项目设计。

现为深圳出众管理咨询有限公司（Excel People Solutions）创始人。版权课程有：

《完美现身——HRBP 发展与价值实现策略》

《价值驱动——HR 三支柱构建与运营》

《引领变革——HR 领导力之优势发挥》

《巅峰突破——如何从职能经理人跨越到业务领导者》

风格特征：在授课和咨询过程中，充分呈现商学类课程体系的严谨性和实践性。引导参与者运用批判性思维与逻辑思维，提炼自己分析问题、解决问题的能力，并打造出自己独特的管理与领导风格。善于应用西方管理理论

和模型工具，结合东方管理哲学智慧的精髓，东西合璧，与实操相结合。将自己从事跨文化的中、高层人才发展与管理的实战案例、成功方案、经验与大家分享和共同探索。

周文霞
关于作者

中国人民大学劳动人事学院教授、副院长，中国人力资源开发教学与实践分会秘书长。

主讲课程：组织行为学、人力资源管理、职业生涯管理、领导学等。出访经历：1999年曾赴俄罗斯远东研究所短期工作访问，2001年赴荷兰作短期学术交流，2002年为美国加州州立大学洛杉矶分校高级访问学者，2008—2009年为美国加州大学伯克利分校高级访问学者。获中国人民大学优秀教学奖、教育部宝钢优秀教师奖、中国人力资源开发教学与实践研究会特别贡献奖、2016北京市优秀师德奖。

主要著述有《管理中的激励》《人力资源管理》《管理伦理学概论》《组织行为学教学案例精选》《新经济时代人力资源管理手册》《管理心理学》《职业生涯管理》《培训培训者》等。曾在国内各知名专业期刊发表30篇文章。主要管理咨询项目有首都机场集团公司人力资源管理整体方案、首发公司人才战略规划和薪酬绩效方案、机场扩建指挥部岗位设置和薪酬方案、北京市社科院工作分析和绩效工资方案、北京市"十二五"人力资源规划、北京市丰台区人力资源管理规划等。

曾为三星集团、中建总公司、中谷粮油集团公司、中国人民银行组织部、中国人民银行营业管理部、民航总局、海信集团、北京市委组织部、朝阳区委、东城区委、中国人民大学工商管理研修中心、清华大学继续教育学院总裁创新管理项目、MBA 项目、江西人力资源总监项目、远洋船舶公司、北京市政法委、农业部、辽宁移动、深圳中电投资股份有限公司、辽宁省人力资源培训中心、太平人寿保险有限公司北京分公司、兴业银行、招商银行、内蒙古自治区企业经营管理者人才市场管理委员会、沈阳新希尔公司、中国人民银行广西分行、西宁市企业技术创新服务中心、四达资产、甘肃电力、西北电网、山西省公安厅公安局长培训班等多家企业和政府机构提供管理培训。

受国家社科基金、教育部博士点基金项目、北京市教育科学"十一五"规划重点课题、北京市自然科学基金项目、中国人民大学基金项目、方正株式会社调研项目等的资助,主持多项科研项目。

培训讲授的专题有:

激励理论与技能领导

能力的开发与提升沟通技能员工职业生涯管理

组织职业生涯管理

员工的招聘与甄选

人力资源管理概论

团队建设与管理压力

管理思维、问题与决策

组织行为学员工培训与开发新任经理的管理技能

前言

亲爱的读者朋友、奋战在一线人力资源管理工作岗位上的伙伴们，以及从事人力资源管理研究的专家学者们，当大家手捧这本书的时候，我们很欣慰地告诉大家，我们完成了一项人力资源管理领域的系统工程。

在过去的四年里，我们不敢说呕心沥血来写这套书。但是我们可以很自豪地说，我们把实践与理论糅合在一起，让它们发挥合力作用的初心一直驱动着我们前行。

这四年来，我们真诚感谢读者朋友们和人力资源管理领域，以及身边的专家学者给予的支持和帮助。是他们的积极反馈和鼓励让我们有信心坚持下去。我首先要感谢的是我的导师中国人民大学周文霞教授，是她的耐心指导、鼓励和无私的支持给了我力量，让我有了对理论探索的勇气。

其次要感谢我的另外两位好朋友，他们分别是华南理工大学工商管理学院刘善仕教授、哈尔滨工业大学（深圳）经济管理学院周明建教授。他们的悉心、不时的指导和鞭策为本套丛书的出版作出了贡献。

再次要感谢我们的读者朋友们和业界的好友。他们的名字已部分出现在书评上，我们就不一一列举他们的姓名了。

最后要感谢我们客户的认可。没有你们的认可，我相信我们是没有信心坚持下去的。

　　HR三支柱在过去的几年中，中国国内很多企业已经成功实施，大大提高了人力资源管理的运营效率。HR三支柱管理体系相对于传统的人力资源管理"六大"模块而言，其一，减少了HR人员的投入、提高了投入产出比。其二，HR运营效率不断提高，真正做到了专业的人做专业的事，特别是HRBP和SSC的建立与发展，相比之前的HR运营模式，内部客户满意度得到大幅度的提高；其三，外人变成了自己人。建立起HR三支柱体系后，HR更加贴近组织业务的发展。打破了HR管理和业务管理的围墙。HR从业者实现了三级跨越：服务业务、支持业务到如今的驱动组织业务的发展。HR从业者完全认同自身价值一方面在不断提高，另一方面越来越受到企业和业务部门领导、同事的认可，甚至外部客户或利益相关者的认可，存在感和幸福感显著增强。上个月，我们的客户一汽大众给我打来电话，询问是否有能够完全承接SSC外包服务的机构。这个电话给我又带来了一次强烈的冲击。我们又得重新思考HR未来存在的价值与领域，从业者哪些人将会失业呢？他们应该为组织业务的发展作出哪些贡献呢？他们需要具备什么样的能力？客户对他们又会有什么样的需求呢？读者朋友们，让我们带着这些问题，去翻开这本书。我相信大家能够在这本书中找到答案。

　　新时代已经到来。奋斗在各行各业的人力资源管理者们，我们千言万语汇聚成一句话：一起"撸起袖子加油干"。

目录 | Contents

组织业务篇

第1章　如何读懂组织业务发展战略　3

第一节　战略的本质　/4
　　一、当人力资源遇到人工智能　/4
　　二、战略的本质与柔性　/9
　　三、智能时代的 HR 三支柱　/14
第二节　如何理解客户导向型业务战略　/17
　　一、客户思维的起点　/20
　　二、组织以满足客户需求为核心的发展思路和战略　/26
第三节　如何理解文化导向型业务战略　/30
　　一、企业文化概述　/32
　　二、企业文化对人力资源管理的影响　/35
第四节　如何理解产品导向型业务战略　/38
　　一、企业产品概述　/41
　　二、企业的产品战略　/42
　　三、如何用产品思维构建 HR 三支柱管理体系　/46
第五节　如何理解运营导向型业务战略　/48
　　一、企业运营管理概述　/51

二、如何借鉴运营模式优化 HR 三支柱体系 / 52

第六节　如何理解平台导向型业务战略 / 54

一、企业平台模式概述 / 56

二、如何通过生态价值链迭代 HR 三支柱体系 / 58

第2章　HR 如何支撑组织业务发展战略　61

第一节　人力资源管理发展趋势概述 / 62

一、中国人力资源管理现状 / 62

二、中国人力资源管理面临的挑战 / 63

三、人力资源管理的未来发展趋势 / 65

第二节　HR 模块化管理向 HR 三支柱结构化发展的升级 / 69

一、人力资源三支柱体系 / 69

二、HR 三支柱与企业核心业务的关系 / 72

三、HR 三支柱实施中的难点 / 76

四、HR 三支柱转型落地的方略 / 78

HRBP 篇

第3章　战略支持者——HRBP　85

第一节　你真的懂 HRBP 吗 / 86

一、HRBP 的前世今生 / 86

二、HRBP 的价值 / 91

三、HRBP 在企业中的形式 / 93

第二节　HRBP 的角色与职责 / 96

一、HRBP 的角色与职责概述 / 96

二、战略伙伴（Strategic Partner） / 99

         三、行政专家（Admin Expert）/ 107
         四、员工激励者（Employee Champion）/ 116
         五、变革推动者（Change Agent）/ 126
   第三节 你具备 HRBP 的胜任力吗 / 130
         一、与业务共舞的 HRBP 胜任力 / 130
         二、HRBP 提升胜任力的四大门槛 / 135
         三、胜任力评估——走向成功的关键 / 136
   第四节 中国企业 HRBP 实施路径 / 141
         一、国内企业实施 HRBP 的困境 / 141
         二、国内企业实施 HRBP 的建议 / 143

HRCOE 篇

第4章 如何设计与实施 COE 功能　149

   第一节 我们需要什么样的 COE / 150
         一、HRCOE 简述 / 150
         二、HRCOE 在企业中的地位 / 152
         三、HRCOE 落地实施路径 / 153
   第二节 COE 的角色定位与职责 / 156
         一、HRCOE 的角色与职责概述 / 156
         二、HRCOE 角色——组织设计者 / 158
         三、HRCOE 角色——组织管控者 / 164
         四、HRCOE 角色——技术专家 / 169
   第三节 某高科技公司 HRCOE 实施案例 / 171
         一、某高科技公司介绍 / 171
         二、某高科技公司 HRCOE 实施背景调研 / 171
         三、某高科技公司 HRCOE 实施主要内容 / 172

HRSSC 篇

第5章　如何设计与实施SSC的功能　193

第一节　HRSSC 结构与运行　/194
　　一、HRSSC 简述　/194
　　二、HRSSC 组织结构及运作架构　/195
　　三、HRSSC 在企业中的地位　/198
　　四、在中国企业实施 HRSSC 的关键因素　/199

第二节　HRSSC 的角色与职责　/202
　　一、HRSSC 的角色与职责概述　/202
　　二、如何构建高效的 HRSSC　/205

第三节　某大型集团公司 HRSSC 实施案例　/210
　　一、某大型集团公司介绍　/210
　　二、某大型集团公司 HRSSC 规划与实施　/216

后记　/224

参考文献　/226

组织业务篇

第1章

如何读懂组织业务发展战略

本章内容
第一节　战略的本质
第二节　如何理解客户导向型业务战略
第三节　如何理解文化导向型业务战略
第四节　如何理解产品导向型业务战略
第五节　如何理解运营导向型业务战略
第六节　如何理解平台导向型业务战略

> 商业有时像战争。如果它的大战略是正确的……可以犯无数的战术错误,而企业仍将证明是成功的。
>
> ——美国西尔斯企业董事长　罗伯特·E·伍德将军

第一节　战略的本质

一、当人力资源遇到人工智能

一直以来,困扰着人力资源从业者的一个核心问题就是如何读懂组织的业务发展战略。从而依据组织的业务发展战略来制订人力资源发展战略。据不完全统计,有90%的HR从业者无法理解组织的业务发展战略。

记得有一次我在美国接受高管能力提升技能的培训,其间我搭乘公司首席战略官(Chief Strategy Officer)的车去吃午饭。在前往餐厅的路上,我们要经过一大片空地。就在我兴致勃勃透过前面挡风玻璃环顾的时候,突然灵光一现,我向首席执行官建议道:"我们公司的现金流现在非常健康,为什么不购买一些土地,以后可以发展房地产业务……"还没有等我说完,首席战略官就一本正经地说道:"Are you crazy, man？We must focus on our business——mobile communication equipments."(你疯了吗？我们必须要专注于我们的业务,那就是移动通信设备领域)。

这一幕已经发生很多年了，但我至今没有忘记，依然深深地刻印在我的脑海中。

什么是企业战略？企业战略是企业根据对外部环境的分析，以及基于对自身资源和实力的清晰认知，对企业未来的走向所做的谋略与规划。今天企业所面临的外部环境是什么？

2016年3月以来，谷歌公司的"阿尔法狗"带给世人一次又一次的震撼。首先，以4∶1战胜职业九段棋手李世石；紧接着，在2016年末至2017年初，又先后与中、日、韩等国数十位围棋高手展开快棋对决，并以60局无一败局的成绩笑傲棋坛；至2017年5月，继续以3∶0的成绩完胜世界排名第一的柯洁，完成人工智能在棋坛上的惊人之举。

2017年7月8日，中国国务院发布了《新一代人工智能发展规划》。

百度公司继无人驾驶汽车外，又全面开启了一场AI与人力资源管理的变革……

"我做了18年的外企HR，而这一刻我不知道怎么做HR了。"尽管已经为市值超千亿美元企业中成长最快的企业，但蚂蚁金服（蚂蚁金融服务集团）的一名HR总监也曾对彭蕾如是抱怨。

伴随着大数据、云计算和物联网的发展，人工智能爆发。当前，人脸识别、文字、语音等人能感知的，机器也可以感知，甚至还可以通过深度学习，掌握一些重复使用的技巧。当人力资源遇到人工智能，世界就已经不再是以前的世界了。

我给大家举几个例子：

百度的AI与人力资源管理模型，已经可以准确预测员工离职行为，而且准确率高达90%以上。当这个模型预测到重要职位的管理者即将发生离职行为时，就会发出预警，"通知"人力资源部门去干预。

再比如招聘，HR通常要将大量时间花在招聘网站上找简历，耗时长不说，费心费力选出来的简历，通知面试时却发现来面试的人未必合适。而利用人工智能，整合各种渠道的简历信息，根据组织需要的人才要求迅速搜索到目标人群，再通过系统自动邀请候选人参加甄选，可大大缩短招聘周期，提高招聘质量。

2016年，日本高端人才招聘网站BizReach宣布未来将开发一种可以通过收集员工工作数据，完成招聘、员工评价和分配工作岗位等任务的人工智能。这次开发将与雅虎、美国客户管理平台Salesforce.com进行合作。该系统不仅收集了每个员工从面试到入职后的工作评价，还对员工的工作状况进行了跟踪调查，建立起庞大的数据库。通过"深度学习"，就可以从大量的数据中总结特征并加以分析，最终评判出员工最适合的工作场所和工作岗位。

京东是一家令人佩服的公司，我曾经为该公司做过HRBP的服务，其间我了解到，很早之前京东就开始布局人工智能，所以，在前不久红爆网络的京东机器人送快递以及无人机配送，在我看来，一点都不惊奇。

刘强东很早就表明了他的野心：京东要打造一个从仓储到配送车辆、配送站以及最后1公里送货机器人的一整套智能化体系。有人危言耸听地制作出类似"刚刚，刘强东宣传快递员都要失业，京东机器人上路送快递"的标题。但静下心来想想，今天京东超过16万名员工，未来京东只需要8万名员工，就可能完成今天所有的工作，而且效率会更高。刘强东表示，二十年内，中国的老龄人口会从今天只占17%迅速增长到40%，由人力资源过剩很快变为人力资源短缺，人工智能恰恰可以解决这些问题。此语高瞻远瞩，引领我们看到世界越来越多、越来越剧烈的变化。

如今，只要提到外卖，大家都知道经历千团大战后九死一生的美团。他们的黄色军团，每天奔赴在各个城市送外卖，流动的黄色可以说已经成为现代城市生活的一道风景线了。毕竟黄色风景是人体肉身构成的，其辛苦可想而知。所以，今天的美团，快速敏捷的无人配送车正在替换配送人员，改造城市生活风景线。下次叫外卖时，若给你送餐的不是人类，千万不要大惊小怪。据美团高级副总裁王慧文向媒体介绍说，人工智能是下一代信息技术的核心和焦点，无人配送将成为这个城市生活典型场景的解决方案。未来，美团无人配送车可以为2800个城市的百姓送外卖。作为生活服务类电商的领跑者，美团在用人工智能满足用户所需的同时，无形中也降低了企业的经营成本。因为靠融资、烧钱，只会陷入资本游戏的怪圈。人工智能对美团的赋能，让美团的未来更加令人期待。

我们经常说二维世界、三维世界，千万年以来，人只有前后和左右二维。而如今，随着无人机的发展，人类一直无法掌握的第三维度，正在成为现实。建筑工地上，工人们开始进入工作场地时，无人机随之一起进入。无人机为建筑工人们观察头顶上的安全问题。与此同时，建筑无人机还可以突破卷尺、图纸、水平仪等工程测量的局限，全方位、立体化地勘查工程的方方面面，及时发现错误，进行修正或绕开问题，无疑提升了工程管理的质量。

在我们的印象中，以往提到无人机，更多想到的是军用无人机。近年来，随着技术的发展，无人机的应用正在从军用领域转向民用领域。例如，农业中的农药喷洒，就是其典型的适用场景。前文所述的京东，也在有着"全球无人机城市"之称的西安，建成第一个无人配送站。从央视《新闻联播》播出的画面中，可以看到京东无人机进行物流配送的场景：西安郊区的农村，长达20多公里的路程，京东无人机仅耗时10余分钟就完成了整个配送。由于其便捷、灵活、高效、直达等独特优势，可以着重解决"最后一公里"的难题，特别适用于偏远农村、海岛、边防哨所、应急救助等特殊场景。

无人机将在商业世界发挥巨大作用，因为它能比其他工具更好地完成工作。无人机经济是真实的，但无人机战略必须从数据层面思考与创新。

何谓战略？在过去很长一段时间，人们认为战略高高在上，是企业家和高管们的事，离HR太遥远。在从事咨询工作过程中，也经常会听到企业的董事长或者总裁抱怨他们的人力资源负责人不懂公司的战略。其实在我看来，就是人力资源从业者没有从组织业务的发展战略上来制订并执行人力资源管理工作。导致在日常的工作中，很难得到企业决策者的认可和赞扬。所以，人力资源从业者应该补上对业务战略的理解这门课，才能更好地满足组织业务发展的需要，从而在组织中才能赢得自己的声誉和认可。

首次对企业战略概念开展较为综合性论述的是加拿大麦吉尔大学教授明茨伯格，他充分借鉴了市场营销学领域的四要素（即4P）的概念，认为战略可以从五个方面来定义，即人们通常所说的"5P"。这5个P具体为：计划（Plan）、计策（Ploy）、模式（Pattern）、定位（Position）和观念（Perspective），如图1-1所示。

图1-1 "5P"模式

在"5P"模式中，计划强调企业管理人员要有意识地进行领导，凡事谋划在前，行事在后；计策强调战略是威胁或击败竞争对手而采取的一种手段，重在达成预期竞争目的；模式强调战略不仅仅是行动前的计划或手段，战略也可以体现为企业一系列的具体行动和现实结果；定位强调企业应适应外部环境，创造条件更好地进行经营上的竞争或合作；观念强调战略过程的集体意识，要求企业成员共享战略观念，形成一致行动。

从长远来看，人工智能一定会替代很多岗位，但也无需多虑。18世纪的工业革命通过机器替代人类的体力劳动，但机器并没有替代人类。智能革命是要让机器来替代我们的脑力劳动,实现从体力劳动的解放到脑力劳动的解放,这是人类命运史的一次飞跃,但人类命运绝不会被人工智能操纵或替代。

人工智能引入人力资源管理领域后,HR 的很多常规性、重复性劳动将由计算机完成,这样就会将 HR 解放出来,去做一些更有意义、更让人感兴趣、更有价值的工作。

二、战略的本质与柔性

1. 战略的本质

不断迭代的技术,层出不穷的商业模式,眼花缭乱的战略,让创业者和企业家越来越迷茫。在企业内部身处执行层的 HR,是迷茫还是清醒?这是值得探讨的话题。1984年,迈克尔·比尔在《管理人力资本》中首次提出了战略人力资源管理的概念,从那时起,由传统人力资源管理向战略人力资源管理转型的探索就开始了。

战略人力资源管理是为了实现组织长期目标,以战略为导向,对人力资源进行有效开发、合理配置、充分利用,是科学管理的制度、程序和方法的总和。相对于传统人力资源管理,战略人力资源管理的定位是在支持企业的战略中人力资源管理的作用和职能。人力资源部已从传统的指导性、行政性、职能性部门转变为企业的经营性、研发性部门,成为推动企业变革的先锋。

巨变时代企业战略的本质是什么?总的说来,表现为以下五个特征,如图1-2所示。

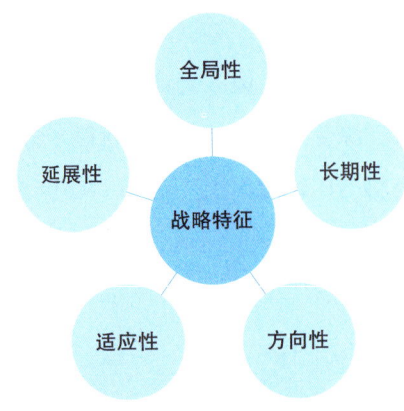

图1-2 企业战略的五大本质特征

（1）全局性。企业的战略制订是企业的全局性行动方案，立足于企业的全局和未来，既需要一定的视野和高度，也需要变与不变的哲学。虽然战略必然会考虑和包括局部活动，但局部要服务于全局，对战略的实施起到有效的支持作用。有时，为了战略的实现，局部活动必须适时调整。例如，员工可以有自己的想法和创新，但必须是在符合企业战略的前提下进行。

（2）长期性。战略是立足现在、规划未来，因此具有长期性的特点。通常来说，企业战略至少应该是对未来3~5年发展的规划。必要时，可以考虑对企业未来10年或者更长一段时间的发展方向做出全局性谋划。

在企业战略制订中，不管涉及的时间跨度有多长，都应该确保其有利于企业在未来3~5年到数十年，甚至上百年或者更长时间的发展。从某种程度上讲，战略可以理解为企业的长期目标。

我和身边很多从事人力资源管理的朋友交流的时候，常常会谈到一个话题，就是：为什么组织的经营战略总是变来变去，有时候上午确定的战略，下午就变了？这其实就是一个很普遍但是大家仅仅停留在抱怨层面的问题。那就是我们没有掌握战略制订的科学方法。甚至可以说，制订出来的战略其实根本就不是战略，而是一种说法。例如，我们国家的"863计划"从提出到现在还一直都在执行。因此，战略具有它的长期性，需要我们花时间、精力和智慧去制订。

（3）方向性。战略是指路灯，正确的战略能够指引企业迈向成功，而错误的战略可能将企业引入迷途，甚至万劫不复。大家耳熟能详的柯达、诺基亚的发展战略就是很好的例证。

柯达这个企业战略失败的经典案例，仍值得不费笔墨地叙述，以起到警示作用。早在1976年，柯达就开发出了数字相机技术，并将数字影像技术应用于航天领域，其在1991年就有了130万像素的数字相机。但是，倚重传统影像业务的柯达高层不仅没有重视数字技术，反而把关注的重点不恰当地放在了防止胶卷销量受到不利影响上，导致该公司未能大力发展数字业务。结果因为战略方向迷失，随着胶卷的失宠，以及后来的智能手机出现，柯达走向了破产的末路。

曾几何时，"诺基亚"就是手机的代名词，一提起手机，大家就想到诺基亚，高科技、质量优、口碑好。许多中国消费者的第一部手机也是诺基亚品牌，我们也不例外。

最巅峰的是1999年，诺基亚公司市值超过2700亿美元，然而在iPhone推出的5年，诺基亚的市值却缩水了近九成，现在仅仅只有100多亿美元。这巨大的失败背后，仍是战略方向的迷失，诺基亚太迷恋结实的功能机，对智能时代的到来后知后觉，导致其手机业务最终出现"卖身"的悲剧。

战略规划决定了企业的未来走向。因此，一旦战略出了问题，企业很可能在错误的道路上越走越远。我们可以从另外一个角度来看人力资源的发展战略也是如此。现在很多企业在吸引人才的战略上往往就停留在一年去大学做几次宣讲会。如此这般，是远远不够的。

（4）适应性。适者生存，这是自然规律，也是企业战略必须要遵守的铁律。外部环境已经改变，如果企业不作出相应的反应，赢得外部市场中的竞

争优势,很容易守旧而衰。

华为公司是一个成功的企业。但如今,几乎没有人将它与爱立信公司对比,而更多的是喜欢将它与苹果公司进行对比。事实上,早在1996年确立的"华为基本法"中,第一章的第一条就明确指出:为了使华为成为世界一流的设备供应商,我们将永不进入信息服务业。顺应时代的变迁,华为提出了基于"云管端"的新战略,即从网络业务向云计算和终端业务延展。

如今,华为的终端体验店不仅在西单的大悦城亮相。除北京之外,上海、深圳的华为体验店也同时启动,而这只是华为终端体验店全球开启计划的开始,未来在国内以及全球的多个城市,都会设立类似的体验店。另外,华为终端的广告早已出现在地铁、户外路牌、机场和互联网上。这对于聚焦于运营商客户,一贯坚持低调品牌战略的华为来说,消费品业务的出色表现令其欣慰。据IDC发布的2018年第二季度全球智能手机市场出货量报告显示,在第二季度中,全球智能手机整体出货量为3.42亿部,三星以7150万台排名第一,华为以5420万台排名第二,苹果以4130万台排名第三,小米以3190万台排名第四,oppo以2940万台排名第五。华为超过苹果成为第二大手机厂商,成为网络新媒体热搜。

(5)延展性。延展性是指企业从核心竞争力衍生出一系列的新产品和新服务以满足客户的需求。当前很多企业抓住了"一带一路"商业机会,"一带一路"倡议就是极具延展性的战略。一方面,为中国同周边国家加强交流、共同发展指明了方向;另一方面,也为经济全球化提供了新的战略支点。

2. 战略的柔性

不同企业之间,企业的战略也有所不同。企业不同战略之间的结构组成,让企业战略在实际运用中,可以更加灵活自如。其中,以大中型企业为例,通常包括三个层面:公司战略或企业总体战略、竞争战略或业务层战略以及职能层战略,如图1-3所示。

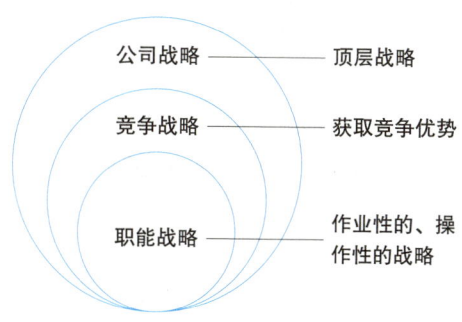

图1-3　企业的战略结构层次

（1）总体战略。它是一个企业的核心战略，属于企业最高层次的战略，确定企业的总体目标和方向，也是企业发展的长期性战略。总体战略统筹企业各项分战略。

企业的总体战略通常由董事会和企业层管理者（包括企业总经理、高管层、相关专业人员等）制订，其中，董事会是其设计机构，而企业层管理者则是承担具体责任的执行者，并对其执行成效负责。

企业总体战略从业务、资源、人员、投资回报率等诸多方面，对企业业务性质、范围和重点逐一确定，为企业经营发展提供方向和指引。

（2）业务层战略。业务层战略在企业中，属于第二层战略，通常也称之为"竞争战略"或"事业部战略"，与企业在行业中所处位置、竞争对手密切相关。这一战略，帮助企业通过建立某方面的竞争优势，让企业在某一特定领域提供具有竞争力的产品和服务。

对内，反映出的是企业经营活动对市场变化作出的协调和统筹，通过拥有高度自主权的战略经营单位——业务部，针对其管辖范围内的产品与服务，进行从生产、销售、成本控制、销售利润到人力资源等各方面的调整和管理。

它与企业层战略的根本区别在于：业务层战略仅对本业务部承担的某一

战略业务进行具体规划,而企业层战略要统筹规划多个战略业务的选择、发展、维持或放弃。

(3)职能层战略。职能层战略的目的是为了贯彻、实施和支持企业层战略与业务层战略,针对企业特定的职能管理领域,是一种操作性的战略,解决的是企业层战略和业务层战略怎么落地实施的问题。常见的市场营销战略、财务战略、人力资源发展战略等,都属于这一范畴。其核心是通过提高企业资源有效利用率使资源能够价值最大化,也是保证企业战略目标实现的基础。

企业层战略、业务层战略和职能层战略三者之间相辅相成,企业经营活动通过在不同的战略之间灵活切换与调整,为企业的组织目标达成提供良好的支持和推动。同时,也能确保企业战略打法的常更常新,为企业的管理与发展提供足够的弹性与柔性,帮助企业应对外部的市场竞争与挑战。

三、智能时代的 HR 三支柱

近年来,HR 三支柱模式在国内逐渐盛行起来。一方面,越来越多的人力资源从业者将国外优秀的管理经验带到国内;另一方面,也有国内的人力资源从业者不断进行摸索和实践。

当前,在一、二线城市,提起 HRBP、HRSSC、HRCOE,相信不少 HR 都不太陌生,而 HRBP 更是成了不少互联网企业的标配,至于实施的成效如何,我们暂且不说,但这至少反映出国内企业在人力资源管理领域寻求突破和发展的迫切愿望。

也正是在这样一个时代,中国的人力资源行业开始进入高速发展阶段,而随着企业经营环境的改变,当前,也是一个充满未知的时代。一方面,企业针对内部面临的各种管理问题,企业内部的人力资源管理变革日渐提上议程;而另一方面,从企业外部来看,科技的发展,一个全新的、以 AI 为代表的人工智能时代正一步步向我们走来。

而当人工智能遇上"HR 三支柱模型",又会激发出怎样的奇妙反应呢?

首先,从 HRSSC 来说,人力资源共享服务中心主要是将企业日常的人力资源管理事务中,较为琐碎、流程化的事务集中起来,模块化、批量化、标准化地处理和解决,而大数据分析和处理成为其有力的支撑和依托。人工智能的深度学习也是依托大数据优势,对企业庞大的员工工作事务需求信息高效、便捷响应,并提供个性化的解决方案。

接下来,HRCOE 方面,作为"HR 三支柱模型"中"大咖"级的存在,COE 往往从各种战略和策略的源头,影响着一个企业的人力资源管理,他们是企业人力资源管理的"智囊团"和"决策中心"。要想胜任 COE 岗位,HR 不仅要有较高的岗位专业性,并且对工业细分领域也要十分了解,他们往往以专家的身份出现在各项人力资源管理的重大决策和项目问题决策中。通过自身过硬的专业技能、丰富的实战经验,为企业管理的政策、流程及方案提供支持。真正成为企业决策的信息系统,为企业人力资源管理提供合理的方案及分析报告。在这一模块中,人工智能将通过其强大的深度学习和大数据处理功能,提供高效、便捷、优质和精准的服务。其中,对于具备灵活创新、综合处理各种方案与数据分析报告的高级管理者,未来仍将是企业争相抢夺的重点。

最后,是 HRBP,相对于 HRSCC 和 HRCOE 来说,HRBP 更加与业务联系紧密,他们既要应对来自人力资源内部的协调、统筹和规划,也要面对来自外部客户的挑战与冲击,迅速对市场变化作出响应。从个人的组织、协调和沟通等能力到对企业业务的理解、对员工(人)的理解。当然,要做到这一点并不容易。这也是为什么我们看到目前很多企业中冠"BP"之名,行人事行政专员、业务经理助理之实的假 HRBP,将会被各种系统流程、BI 分析工具所替代。但值得肯定的是,在这一过程中,HRBP 一直在 SSC、COE 以及各个业务部门之间不断地沟通、协调和组织,逐步承担起更多、更大的责任,对组织的业务发展了解更为深刻和彻底。这些是目前人工智能短时期内所不能具备和拥有的能力,但我们不能因此而忽视企业对 HRBP 综合素质要求和标准的提高。

总的来说，在未来一段时间之内，目前被我们视作企业人力资源管理"硬指标"的能力将会因为人工智能的到来而有所弱化，其中典型的代表如计算能力、逻辑思维能力以及行业或专业领域内的专业能力等。但与之相反的是，以往被我们称作"软实力"的交流、沟通、表达、学习等方面的能力，会在激烈竞争中脱颖而出。对于企业的人力资源管理从业者来说，同样如此。

而面对人工智能时代，企业HR三支柱的实施与开展，要积极拥抱和迎接时代的变化，将人工智能所带来的便利、高效和精准运用到位。随着时代的脚步前进，从而推动企业组织经营目的的达成和实现。

反思

1. 对于智能时代的人力资源管理，你有哪些想法，这对你的企业未来发展会带来哪些挑战和影响？

2. 结合本节中你对"战略"的理解，你未来应该如何将企业战略与自己的工作融合起来？

3. 智能时代HR三支柱的落地实施需要我们更多地思考，尤其是在实施落地过程的关键点与细节，同时还有企业核心管理层的支持与沟通，为此，你应该做好哪些准备？

改进措施

1. _____
2. _____
3. _____

第二节　如何理解客户导向型业务战略

每一家企业都有他自身发展的特性，有些企业是依靠自身独特的技术，比如格力，掌握空调领域的核心技术；有些企业以一流的服务著称，比如卡塔尔航空公司，连续多年摘得最佳服务桂冠，持续赢得了世界各地乘客的厚爱；以一流技术赢得行业推崇的中国中车集团，其研发的高速列车享誉全球。而华为则以客户为导向，经过三十年的发展，目前业务已经遍布全球。

案例　为客户服务是华为存在的唯一理由

华为是全球领先的信息与通信解决方案供应商，致力于为电信运营商、企业和消费者等提供有竞争力的综合解决方案和服务。目前，华为的产品和解决方案已经应用于140多个国家，服务全球1/3以上的人口。

到目前为止，在中国的企业史上，我们还未发现哪一家企业像华为那样神秘。华为像幽灵一样，游荡在世人的意识世界中，而华为的低调又使得世人对其好奇心有增无减。非华为员工最先接触到的就是华为的营销人员，而在接触的过程中，他们又深被其所了解的事实所震惊。因为华为的营销人员数量之多、素质之高、分布之广、收入之高都是中国企业史上前所未有的。"华为的产品也许不是最好的，但那又怎么样？什么是核心竞争力？选择我而没有选择你就是核心竞争力"。华为的老板任正非如是说。在华为，市场就是核心竞争力，而市场是前线冲锋陷阵的战士争夺过来的。在中国本土，华为在国外品牌中抢出了一片市场，并且华为铁骑已跨过亚非欧大陆，把战火烧到了太平洋彼岸的美国。

华为接待客户的能力更是让一家国际知名的日本某电子企业领袖在参观华为后震惊，他认为华为的接待水平是"世界一流"的。华为的客户关系在华为被总结为"一五一工程"——一支队伍、五个手段、一个资料库，其中五个手段是"参观公司、参观样板店、现场会、技术交流、管理和经营研究"。对客户的服务在华为是一个系统，华为几乎所有部门都会参与进来，假设没有团队精神，我们很难相信一个完整的客户服务流程能够顺利完成。

华为的管理层认为，华为是生存在客户价值链上的，华为的价值只是客户价值链上的一环。谁来养活我们？只有客户。不为客户服务，我们就会被饿死。不为客户服务，我们拿什么给员工发工资？因此，只有以客户的价值观为准则，华为才可以持续存活。2017年4月份，公开数据显示华为员工的平均年薪资是63万元人民币。从这个员工回报数据我们也可以窥见一斑，华为人做市场和销售是如何努力的。

如何理解以客户为导向的组织业务发展战略呢？我们有一些基本概念需要进一步解释和说明。这样一来，我们才能够深刻、准确把握组织业务发展策略，才能梳理和制订出人力资源管理战略，在构建HR三支柱体系的时候，才能将组织业务发展战略和人力资源发展战略完美地结合起来。

观念的转变对人力资源从业者来说是一个不小的挑战。这需要我们人力资源从业者跳出自己的舒适区（也就是我们通常所说的"选、用、育、留和'六大模块'"），进入我们的学习区（植入组织战略、商业模式、实现客户需求等来开展人才发展与组织发展工作），并满怀信心和豪情进入恐慌区，去探索未知的世界（架构新的人力资源发展理论，在人力资源管理领域有自己的建树，为人力资源管理领域贡献自己的智慧），如图1-4所示。

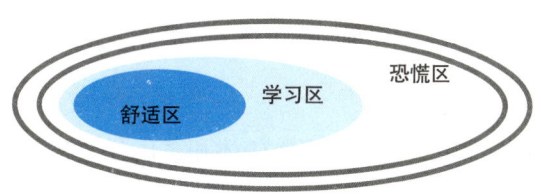

图1-4　HR观念转变的"三区"示意图

作为人力资源从业者，我们有必要向业务部门或者直接服务客户的同事学习。他们的工作宗旨就是满足客户的需求。那么我们人力资源从业者又应该如何做呢？那就是借鉴业务端同事的做法。梳理出我们自己的客户，我们的领导、同事、下属、客户等都是我们的客户。人力资源的工作就是靠成就他人来成就自己。我们人力资源从业者需要关注的客户如图1-5所示：

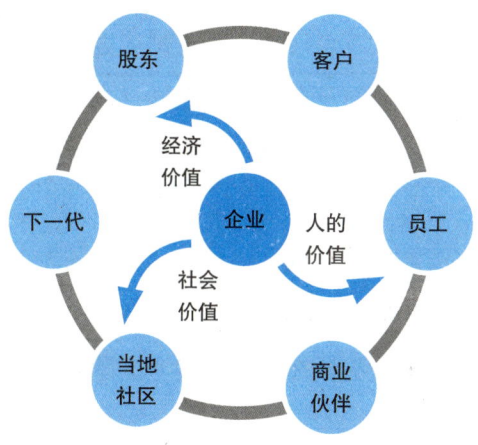

图1-5　企业人力资源部门的客户群体

明确了客户，我们的工作才能充分发挥人力资源管理应有的价值，否则就是一叶障目。正如华为把服务客户当作唯一存在的理由。我们人力资源从业者也是一样的，把服务好客户当作我们存在的唯一理由。跳出舒适区，主动去服务和支持我们的客户。那么我们就有存在的理由，而不是自欺欺人、纸上谈兵。

接下来的几个小节中，我们会着重阐述和客户有关的概念。

一、客户思维的起点

如果人力资源从业者不具备销售的能力，那么哪怕我们制订出再完美的管理实践发展和工作方案，也只能是束之高阁、得不到实现。

曾经在一次面试的过程中，我们选聘一位产品研发总监。其中一位研发总监给我留下了深刻的印象。在面试的过程中，候选人提到了一点，或者在他看来不是一个问题。但是，在我们看来，那就是一个缺陷。那位候选人留存一个疑问：为什么市场部门不重视他们研发团队的产品？不得而解。这位候选人一直在描述自己团队研发的产品优点。但是，我们更希望听到他是如何向市场部门寻求反馈，或者直接去市场上访谈客户或者用户的行动，可我们最终没有听到。因此，我们没有录用这位候选人。不得不说他是一位优秀的产品研发专家，但是，我们更需要一位有市场和客户敏感度的产品研发专家。

其实，在人力资源管理领域也是一样的，我们需要的是能够服务客户的人力资源管理者，而不仅仅是在名片上印着 CHO / HRD 的空谈者。

改变自己要从改变自己的认知开始。接下来我们就系统地分析一下以客户为导向的概念和知识。

数字化市场经济飞速发展的时代，企业要想满足客户的需求、达成经营目标，势必要打破以往单一地使用某一因素或手段参与市场竞争的局面，坚决从客观的市场营销环境和需求出发,根据企业的资源和优势,整合运用全面的市场营销手段,再配以行之有效的市场营销战略,使之发挥整体效应,以取得最佳效果。

而从企业营销策略的发展来看,从最初提出的4P策略起,在市场营销不断发展的过程中,又逐渐提出了4C、4R和4S等一系列现代、前沿理论。

1. 4P策略

营销领域的4P是指产品（Product）、价格（Price）、地点（Place）、促销（Promotion），如图1-6。

图1-6　4P策略"四要素"示意图

产品方面,主要包括产品的实体、服务、品牌和包装等要素。从定义和实质来说,产品指的是企业针对目标市场所提供的货物及服务的集合,除产品自身的效用、质量、外观、式样、品牌、包装和规格等之外,还包括与产品配套和相关的各项服务。

价格方面,主要包括基本价格、折扣价格,以及相应的付款时间、借贷条件等。价格代表着一个企业在出售产品过程中所追求的经济回报。

地点，从概念上说，就是企业产品的分销渠道、运输设施、存储设施等场所、仓储和运输，以及企业基于让产品进入和覆盖目标市场过程中，组织一系列活动的途径、环节等。

在企业的营销策略中，4P策略是其中最为基础的一种，其特点非常鲜明。首先，因为以上四种因素，企业都可以根据具体的市场情况进行调节、控制和运用。也就是说，企业可以自主决定产品如何生产，价格如何制订，销售渠道如何选择、搭建，促销活动如何开展等。其次，这些因素也并不是固定不变的，而企业需要灵活地根据变化作出反应和调整。最后，四个因素是一个整体，它们不是简单地相加或拼凑，而应在统一目标的指引下，彼此配合，才能取得很好的协同效应。

2. 4C策略

4C是由营销学家菲利普·科特勒提出来的，他提出了整合营销的概念，4C强调各种要素之间的关联性，并要求各个要素组合成统一的有机体。4C具体是指消费者（Consumer）、成本（Cost）、便利（Convenience）、沟通（Communication）。4C策略要求各种要素汇聚统一方向的作用力，共同合力起来，为企业营销目标提供服务，如图1-7所示。

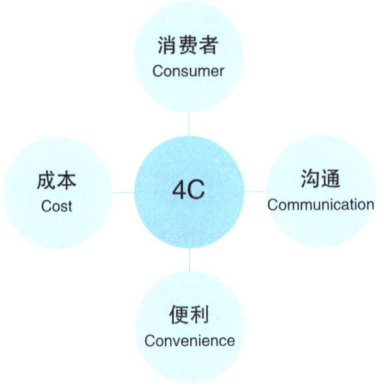

图1-7　4C策略"四要素"示意图

消费者具体指的是消费者的需要和欲望。企业应该把重视顾客永远放在第一位，并将其放在产品开发之前，企业产品的功能固然重要，但企业绝不仅仅停留在卖企业想生产的产品，而是要提供顾客需要的产品。

成本指消费者在消费过程中，通过使用企业提供的产品，获得满足（自己的需要和预想）而甘愿承担的成本价格。成本主要由企业生产成本、消费者购物成本构成（其中，既有购物的货币支出，还有时间耗费、体力和精力耗费以及风险承担）。因此，企业要想在消费者愿意支付的价格限度内增加利润，就必须降低成本。

便利主要是指购买的方便性。与传统的营销渠道不同的是，4C策略更强调服务环节，强调在销售过程中，让顾客在购买商品的同时还能享受充分的便利性。

要实现这一点，需要企业深入研究和了解不同的消费者购买方式和偏好，在整个营销活动中运用便利原则：从售前优质到位的服务到售后及时的信息追踪与反馈，考验的是企业内部对于产品性能、质量、价格、使用方法以及效果的精准认知与否，以及对顾客意见的重视和良好的售后服务态度。

这里的沟通，主要是指企业与用户之间的沟通。为此，企业可以多种营销策划与营销组合并用，从能否达到理想效果的角度，检视消费者对企业与产品接受程度。因此，企业不能再像以往一样单向地劝导顾客，而要通过双向沟通来加深相互之间的理解。

3. 4R策略

4R策略由美国的唐·舒尔茨提出，这一营销新理论，从全新的角度阐释了营销四要素，即与顾客建立关联（Relevance）、反应（React）、关系（Relation）、回报（Return），如图1-8所示。

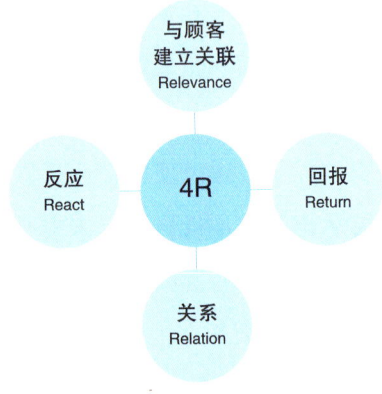

图1-8　4R策略"四要素"示意图

与顾客建立关联，即我们常说的连接，是指企业为了与顾客在业务与需求上建立关联，达成互助、互求、互需的关系，采用合理的途径和资源，将企业、顾客紧密联系起来。但是，不论是顾客本身还是其忠诚度，都在不断变化。想要获得长期而稳定的市场，企业与客户之间牢固的关联就很有必要。

反应，即企业的市场反应，对经营者来说，最重要的是如何站在顾客的角度，有效地倾听他们的渴望和诉求，并及时作出响应，以实现和满足顾客的需求。因此，建立企业的快速反应机制、对竞争对手与顾客举动的了解都很重要。

关系这一要素最终的目的是提升客户忠诚度，为此，企业需要不断改善与消费者之间的关系。不论是一次性顾客、间歇性顾客还是终身顾客，都应该仔细加以辨别与区分，这样，在进行市场营销时才能将力量和资源集中。

回报，是指企业通过市场营销所获得的短期或长期的收入和利润，反映的是企业市场营销的能力。对回报的追求是市场营销发展的动力，也是维持市场关系的必要条件。企业要在获取利润的同时，满足客户需求并为其提供价值，因而对产出和回报的关注就成了市场营销目标中不可或缺的一步，简而言之，为顾客及股东创造价值是企业开展一切市场营销活动的目的。

4. 4S策略

4S市场营销策略强调建立"消费者占有"导向，前提是以消费者的需求为出发点。企业将服务品质优化，最大化提升消费者满意度，塑造消费者的产品忠诚度，这需要企业围绕消费者满意度在产品和服务上不断改进和完善。具体来说，4S指的是满意（Satisfaction）、服务（Service）、速度（Speed）和诚意（Sincerity），如图1-9所示。

图1-9 4S策略"四要素"示意图

满意主要是指来自顾客的满意，它以顾客需求为导向，以顾客满意度为中心。相应地，要求企业把顾客的需要和满意度放在首位，站在顾客的角度思考和解决问题。

服务这一要素，可以从几个方面来理解。首先，从商品的角度来说，企业需要为顾客提供足够多的商品信息，保持频繁联络，了解其需求。其次，在服务态度上，以亲切友善与体贴入微的服务来感动用户。再次，以"顾客是上帝"为宗旨，视每位顾客为特殊和重要的人物。同时，对顾客下次光临

的诚挚期待也应在每次服务结束时充分表达出来,并为他们提供最好的服务、优质的产品、适中的价格。最后,要为顾客营造一个温馨的服务环境。

速度这一要素,强调企业要以最快的速度迎接最多的顾客,既有效避免顾客久等,又能迅速地接待和办理业务。

诚意这一要素的原则是"以他人利益为重",在此基础之上为顾客提供真情实意的服务,最终感化顾客,赢得竞争。

二、组织以满足客户需求为核心的发展思路和战略

所有的经营决策都是战略性的。每个企业都必须根据自己在行业中的市场地位、市场目标、市场机会和可利用资源确定一个最有意义的营销战略。

当今社会,企业之间的竞争变得越来越激烈。要想在变幻莫测的市场竞争中占据一席之地,就必须明确,以客户为中心不是努力说服客户购买企业的产品或服务,而是站在客户的角度,满足客户需求,协助客户解决问题,向客户提供问题的最佳解决方案。它不仅强调产品,还强调销售过程中无形的方面,包括服务、客户所认同的真正价值及个人所带来的附加值等。为此,我们需要时常多询问自己以下关键问题:

1. 如何建立以客户为中心的营销思维

营销思维方式决定相应的销售行为、策略和方法,以产品为中心的营销思维已经不能有效满足客户需求,取而代之的是以客户为中心的营销思维。它包括:

(1)树立以客户为中心的信心。信心是一种积极的态度,它有助于我们完成计划、实现目标、达成愿望。

2017年初,我们承接了平安集团高管培养项目。项目启动三个月,客户和我们自己一直对方案不满意。一方面,我约访了很多业界有建树的专家学者。另一方面,我们的专家交付顾问团队也是反反复复自我否定。我自己都

快得忧郁症了。心中不断浮现退回预收款给客户、不接这个项目——认输的想法。但是客户方面的对接项目经理也一再告诉我们，精品是打磨出来的。更何况这本身就是一个系统化、从无到有的创造过程。

经过无数次的完善和优化，我们最终实现了客户的需求。所以，信心对我们人力资源从业者来说尤为重要。要经得住打击和折磨，更不要轻易认输。

（2）告诉自己可以最好地帮助客户。把客户视作我们最重要的人，并为他们及时提供最佳的解决方案。一定要以客户顾问的身份，将注意力集中在产品和服务基础上，更进一步地关注客户的需求。我们要牢记：一切从需求出发，我们就能找到可行的解决方案。有时在与客户或者同行交流的时候，总有人提起，自己是多么努力，就是不被客户认可。我也只能告诉他们发生在我自己身上的故事和经历。自我认同并不等于他人认同，他人认同并不等于业界认同，业界认同并不等于社会认同，路漫漫其修远兮！

（3）理解客户。在客户的心目中，以客户为中心，体现在具体行动上，就是深入了解客户需求，并提供针对性的专业服务，让客户真切地体验产品或服务为其带来的益处。真正的以客户为中心的销售是既满足客户的物质需求也满足其精神需求，而不是我们以为客户想要什么。

（4）把客户置于销售的中心。当我们把客户置于销售的中心时，我们就已经改变了过去那套不被认可的思维方式。以客户为中心，它要求我们以直接满足客户需求为目标进行相关活动，一切行动和反应都围绕最终目标展开，即帮助客户取得最佳体验。

2. 如何实现为客户提供解决方案

销售过程不仅是出售产品或服务，还要帮助客户成长，向客户提供解决方案，帮助客户满足需求。

（1）关注重点由产品和销售转向客户需求。不要总是对产品或服务夸夸其谈。总是炫耀自己的产品或服务，会让客户觉得我们只是销售产品，这样会引起客户的反感。

不要过分关注销售的数量。传统的销售理念往往重视单次的销售数量，而以客户为中心的销售则是应当重视帮助客户实现目标，通过多次对客户的帮助和服务，达到与客户建立长期关系的目的，自然也提高了销售的数量。

也不要过分强调促销活动。因为客户的购买决定，受众多因素影响，而促销只是其中之一，通常来说，客户更加看重产品或服务对自己需求上的满足。而更为合理的做法是，在客户充分了解产品的价值而产生购买欲望之后，再辅以促销活动的说明，往往会更好。

（2）关注重点由内部业务管理转向外部业务与客户服务管理。以客户为中心的销售中，关键点在于经营的核心是客户，而非产品。所以不要过分地关注企业内部业务管理，否则开发出来的产品往往容易背离客户需求。而正确的方式是以客户为中心，响应他们的需求，并提供解决问题的方案，将关注重点由内向外转移，聚焦业务与客户管理。

（3）向客户展示产品如何帮助他们。重点是将产品的特性、功能、服务及能给客户带来的益处进行阐述。其核心是围绕客户关注的重心，让客户认识并相信产品能为他们提供真正行之有效的解决方案。

（4）帮助并引导客户找到解决方案。站在为客户提供创造性解决方案的立场来开展工作，将产品销售和服务提供自然化、合理化。

作为人力资源从业者，我们要和客户进行心与心的交流和沟通。赢得客户的信任和认可。成为他们的业务伙伴，我们离成功就近了一步！

3. 如何站在客户的角度来思考问题

以客户为中心的销售，必须全程站在客户的立场，以满足客户的需求、解决客户的困难为出发点。

（1）有效倾听。多数销售人员都会讲太多，实际上让客户开口更加重要，客户说得越多，其提供的有效需求信息就越多，企业从中能挖掘的机会也更多。倾听时要注意捕捉有效内容，并不时地总结客户所说的主要内容，以实时与客户保持一致。

（2）询问客户的需求。与客户接触时，不要一开始就热衷于对产品或服务进行介绍，不要迫不及待地做产品展示，而要少说多听，挖掘客户需求，根据客户关心的重点去提供相应的解决方案。

（3）重视客户的利益。真正如实告知客户自己的产品能从哪些方面帮助到他们，并提供合理有效的建议。切忌因为贪图一时利益而扭曲或夸大产品功能和特性。

综上所述，作为人力资源管理者，我们不能孤芳自赏，而应该积极主动拥抱业务，去服务、支持甚至驱动组织业务的发展。不要囿于自我狭窄、封闭的 HR 圈子，而要勇敢走出去，去探索我们未知的世界，为组织人才发展、业务发展贡献更多的价值。换一个角度，我们就会发现人力资源领域并不是我们一直以来认为的那样。

反思

1. 在市场销售职能中有哪些是值得我们人力资源从业者借鉴的？
2. 我们应该如何调整人力资源从业者的工作思路？
3. 我们可以给市场销售职能提供哪些有价值的解决方案？

改进措施

1. _____
2. _____
3. _____

三支柱落地实施指南

第三节　如何理解文化导向型业务战略

企业文化究竟能给企业发展带来什么，是支撑？还是伤害？

一个组织的企业文化，有时候体现在为客户服务的态度和行为上，有时候体现在企业的产品上，有时候又体现在企业员工的日常工作中。

在近15年的职业生涯中，我也走过很多弯路。记得当年还在 BLU Products 工作的时候，有一次汇报工作，我没有经过详细调查，就向美国总部做了草率的汇报。公司实验室在做手机电池老化测试时，其中一枚电池发生爆炸。项目负责人不在现场，而是在外面会见供应商代表。我就草率报告了现场梗概。直到后来，美国总部要求每一个公司员工在邮件的签名处添加上这么一句："Never assume anything, just verify it!（不要假定任何发生或者未发生的事情，务必核实。）"这就是文化的影响力。任何一家企业的伟大，都是从不起眼的小事做起。我们来看看下面这个案例：

案例　阿里巴巴的文化价值观

1999年，本为英语教师的马云与另外17人在中国杭州市创办了阿里巴巴网站，为小型制造商提供了一个销售产品的贸易平台。阿里巴巴后来发展为拥有超过800万网商的电子商务网站,是中国第一大对外贸易平台,全球最大的 B2B 电子商务交易平台。

阿里巴巴收购雅虎时,其创始人马云曾明确指出:"有一样东西是不能讨价还价的,就是企业文化、使命感和价值观。"马云把阿里巴巴成功的很大一部分归功于文化,他认为文化最终就是"言行举止"。马云表示:"诚信是阿里巴巴重要的价值观之一,这包括我们员工的诚信,以及我们为中小企业客户提供一个诚信和安全的网上交易平台。任何违背我们文化和价值观的行为都不能接受。"

自2008年金融危机以来,欺诈事件一直不断,2011年2月21日,阿里巴巴 B2B 公司宣布,2010年阿里巴巴平台上的2000余家"中国供应商"客户涉嫌欺诈。为维护公司"客户第一"的价值观及诚信原则,清理涉嫌欺诈的"中国供应商"客户。时任阿里巴巴 CEO 卫哲和 COO 李旭晖双双引咎辞职,原淘宝网 CEO 陆兆禧接任。与此同时,马云向客户和员工公开强调,在价值观问题上公司不会做任何妥协。阿里巴巴表示,公司决不能仅仅变成一台赚钱的机器,"让天下没有难做的生意"才是其使命所在。马云认为,公司目的是为客户创造价值。是客户给了公司钱,而员工是让这些目的变成现实的过程,没有员工的创新和辛勤的努力不可能有很好的收入。当然股东利益第三,股东利益是结果。

2016年9月12日,阿里巴巴公司为庆中秋开展了一个内部抢购月饼活动,四位阿里巴巴安全部的程序员"发挥特长",利用系统漏洞编写了可以无限抢购的程序,"刷"得了124盒月饼的购买权。当事人称初衷只是"几个年轻的安全技术男的一个技术玩笑"。为了维护企业文化,阿里巴巴决定"挥泪斩马谡",四人被马上解雇。此事件发生以后,很快成了热门话题,在社会上引起了广泛的讨论:有人说就应该开除;有人说阿里巴巴太绝情;有人说快来我们公司……阿里巴巴认为这4位员工采用技术手段作弊,对其他员工造成了福利分配的不公正。同时,更重要的是,安全部作为平台规则的捍卫者,使用

工具作弊触及了诚信"红线"。

阿里的成功,应该归功于它的企业文化。阿里的企业文化不但影响着阿里的每一位员工,还深深地影响着它的客户和合作伙伴。它把阿里生态链上的每一环都整合到一起。这就是企业文化的魅力所在。

虽然这不是一本专门讲解企业文化的书籍,但是我们还是有必要系统地回顾一下企业文化的渊源和机理作用。毕竟,企业文化时时刻刻都影响着组织中每一个人的价值观和行为。同时,人力资源部还肩负着践行企业文化的重任。

一、企业文化概述

(一)企业文化的基本定义

从定义上来看,企业文化是企业在经营活动中形成的经营理念、经营目的、经营方针、价值观念、经营行为、社会责任、经营形象的总和,是企业个性特质的根本体现,它是企业生存、竞争和发展的灵魂。良好的企业文化可以为员工创造一个具有和谐人际关系、能充分发挥主观能动性、便于实现自我价值、更有乐趣的、宽松的工作环境。企业文化能打造企业的凝聚力,它能通过建立共同的价值观念、企业目标,把员工凝聚在一起。

企业文化赋予员工使命感和责任感,促使他们主动、积极地贡献力量和智慧,去实现企业的战略目标,让个人的行为与企业的战略相统一,从而凝聚成推动企业发展的巨大合力。

(二)企业文化的主要内容

企业文化的内容十分广泛,但其中最主要的应包括如下几点:

1. 经营哲学

经营哲学指从事生产经营和管理活动的方法和原则,它是指导企业行为的根本。企业在复杂的市场竞争环境中，面临着各种各样的矛盾和选择，这就要求企业运用科学的方法论来做指导，建立一套行为上的逻辑和程序，这就是经营哲学。例如，日本松下公司一直提倡的"经济效益，重视生存的意志，事事谋求生存和发展"，就是它的企业经营哲学。

2. 价值观念

所谓价值观，是人们基于某种功利性或道义性的追求而对个人和组织的行为和行为结果进行评价的基本观点。可以说，一个人的价值观，决定着其行为；一个人的一生，就是在不断追求某种价值的实现。

相应地，企业的价值观，则是指员工对企业存在的意义、经营目的、经营宗旨的价值评价，是一个企业所有员工共同的价值准则。也只有在共同的价值准则基础上，一个企业的企业价值观才能遵循正确的目标，实现基业长青。

企业价值观决定着员工的内在动机，也关乎企业的生死存亡。对于一个企业来说，只顾企业自身经济效益和眼前利益的价值观，都是不可取的，这不仅会失去员工的支持，严重者更有可能导致企业失去后劲，甚至灭亡。

3. 企业精神

企业精神，指的是企业的整体精神风貌，这种风貌基于时代要求以及自身特定的任务、宗旨和发展方向，历经反复雕琢和沉淀，最后借由企业的员工向世人展示出来。在一定程度上，我们也可以称之为"企业的灵魂"。

通常来说，企业精神体现在实际上，更有可能是一些既富有哲理、又通俗易懂的语言。往往简单、明了但又不乏深刻。它能时刻激励员工，更是可以激励自己，也便于对外宣传，从而对外传达出企业个性鲜明的形象。

4. 企业道德

企业道德是指该企业与其他企业、企业与顾客、企业内部职工之间关系的行为规范的总和。它是从善与恶、公与私、荣与辱、诚实与虚伪等伦理的角度，在道德层面去评价和规范企业行为。

企业道德与法律规范和制度规范有所不同，它不具有强制性，但具有积极的示范效应和强烈的感染力，一旦企业道德被人们所认可后，会产生自我约束的力量。因此，它具有更广泛的适应性，是约束企业和职工行为的重要手段。中国老字号同仁堂药店，能够历经三百多年的风雨而长盛不衰，就是因为在生产和经营之中，融入了中华民族优秀的传统美德，打造出独具企业特色的职业道德——济世养身、精益求精、童叟无欺、一视同仁。

5. 团体意识

团体意识是指组织成员的集体观念。团体意识是在企业内部凝聚力的基础上形成的重要心理因素。团体意识使员工把自己的工作和行为视作实现企业目标的有机组成部分，以自己是企业的成员而倍感自豪，以企业为荣，从而把企业看成是自己利益的共同体和归属。一旦拥有这样的团体意识，他们就会孜孜不倦地为实现企业的目标而奋斗，自觉地克服这一过程中的万般阻碍和艰难。

6. 企业形象

企业形象是企业通过外部特征和经营实力表现出来，并被消费者和公众所认同的企业总体印象。其中，我们将外部特征（包括企业的招牌、门面、徽标、经营环境等）统称为"表层形象"。而那些通过经营实力表现出来的形象（包括人员素质、产品质量、社会责任等），我们将其统称为"深层形象"。

表层形象要以深层形象为基础，否则就是虚假的，也无法长久保持。例如，流通型企业主要是经营商品和提供服务，与顾客接触较多，所以表层形象显得格外重要，但这绝不意味着深层形象可以放在次要的位置。又比如，北京西单商场以"诚实待人、诚心感人、诚信送人、诚恳让人"为宗旨，树立全心全意为顾客服务的企业形象，而这种服务是建立在优美的购物环境、可靠的商品质量、实实在在的价格基础上的，达到表层形象和深层形象的结合，所以才赢得了众多顾客的认可和肯定。

此外，视觉识别系统也是企业形象的有效组成部分，例如企业的LOGO，这是企业对外宣传的视觉标识，也是社会对其视觉认知的有效渠道之一。

7. 企业制度

企业制度是在生产经营实践活动中所形成的，既带有强制性，又能保障一定权利的各种规定。企业制度是企业文化的一部分，从隶属的层次结构看，企业制度属于中间层次，属于精神文化的范畴，也是物质文化得以实现的保证。企业制度是员工行为规范的主要模式，将企业员工的个人活动限定在合理的范围内，促使其内外人际关系得以协调，对员工的共同利益进行保护，推动企业有序运转，实现组织经营目标。

8. 企业文化结构

企业文化结构既反映出企业文化系统内各要素之间的时空顺序，也反映其相互之间的主次地位与结合方式。从物质文化、行为文化、制度文化及精神文化形态等内容，展现不同要素之间的链接形式，共同组成企业文化。

9. 企业使命

企业使命直接展示其经营领域和经营思想（包括企业的经营哲学、企业的宗旨和企业的形象等），明确企业在社会经济发展中承担的角色和责任，并为企业目标确立与战略制订提供依据。

二、企业文化对人力资源管理的影响

据不完全统计，企业高管离职90%以上都是因为与企业创始人或者决策者的发展理念、行事风格不一致导致的。这就是企业文化反作用力形成的结果。

2016年9月，亚马逊中国副总裁张思宏刊发了一篇题为《留外企还是去民企？其实关键的是你想要一种什么样的生活》的文章，回顾了自己五个月来，从亚马逊跳槽到国内某民企又重回亚马逊的职场经历，表达了对国内某互联网公司企业文化的不满，直指其微信私用变公用、创始人个人崇拜、营销没有底线。这仅仅是一个实例而已。那么作为企业人力资源管理者，我们应该

思考如何去帮助企业的外聘高管或是现职的同事，或是正准备入职的初入职场的毕业生，或是将企业文化植入到我们 HR 三支柱管理体系之中。

企业文化会深深地刻在组织中每一位成员的脑门上。随着时间的推移，这种刻痕也会越来越深。所以，我们在构建 HR 三支柱的时候，核心业务导向有可能是企业文化在起作用，而不是企业经营的其他方面。人力资源管理者也需要了解、掌握企业文化战略制订的几个相互关联和承接的环节。

1. 树立正确的企业文化战略思想

企业文化体现了企业的共同使命和价值观，对员工来说有着强烈的向心力和持久力，是方向是指引，同时还对员工有凝聚和约束作用。因此，要建立正确的企业文化战略，首先需要有正确、健康、向上的企业文化战略思想。

2. 确定企业文化战略模式

不同的企业，所面临的外部环境不同，企业发展的阶段也不一样，员工的素质也参差不齐，所以企业文化的战略模式也会有差别。

企业文化战略模式包括以下几种：一是先导型，特别追求企业文化的先进性和领导性，是一种领先型、改革型、风险型的战略模式；二是探索型，敢于开拓，敢于创新，力求独树一帜，与众不同；三是稳定型，追求的是稳健，强调步步为营，稳打稳扎；四是追随型，并不急于实施企业文化战略，而是当市场上出现成功的经验时，立即进行追随、模仿；五是惰性型，奉行稳妥主义，安于现状，不愿冒险；六是多元型，没有一成不变的战略模式，坚持实用态度，或综合几种不同的战略，或顺其自然，看哪种模式效果更好就采用哪种模式。

3. 划分企业文化战略阶段

不同的企业发展情况不同，就连同一家企业也有不同的发展阶段，企业文化的建立也有先有后，企业文化战略的实施进程速度也不尽相同。因此，企业要分析自家的企业文化建设所处的战略阶段，以便作出科学的实施方案。企业文化战略阶段，通常来说，分为五个阶段，包括：初创阶段、上升阶段、成熟阶段、衰退阶段、变革阶段。

4. 制订企业文化战略方案

企业文化战略目标的达成,需要相应的措施方案。这就需要企业根据内外部环境和企业的实际情况,制订出科学可行的企业文化战略方案。方案可以根据企业不同时期的不同重点,分为总体战略方案和各部门、各单位、各下属的局部战略方案。

5. 明确企业文化战略重点

企业文化战略重点指的是那些对于实现战略目标最为关键的环节,或自身比较薄弱而急需加强的环节。对于不同的企业来说,战略重点是不同的。例如,有些企业把重点放在建立企业精神、企业道德上,有的把重点放在塑造企业形象上,还有的企业重点是规范企业制度,强调企业社会责任等。确定了企业文化战略的重点,就找到了突破口。简单地讲,策略指具体的实施手段和方法,是行动的纲领。一般而言,企业文化战略应遵循以下策略:

(1)针对性,要符合战略指导思想,与战略目标保持协调;

(2)灵活性,方案也并非一成不变,要因时、因事、因地加以变化;

(3)适当性,要讲实效,要能执行,不能停留在形式上;

(4)多元性,可以多种方案相结合,效果更佳。

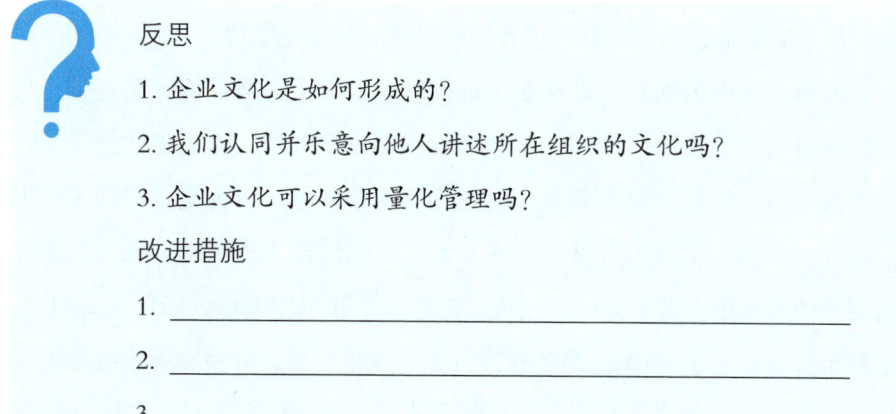

反思

1. 企业文化是如何形成的?

2. 我们认同并乐意向他人讲述所在组织的文化吗?

3. 企业文化可以采用量化管理吗?

改进措施

1. _____

2. _____

3. _____

第四节　如何理解产品导向型业务战略

一直以来，我是一个不甘寂寞的人。无论是在职业经理人生涯阶段，还是如今的咨询顾问的时光中，凡是经手的每一件事情，都一定要做到倾心倾力，力求完美。放眼中华大地，具有工匠精神的人数不胜数，我们中华民族的伟大复兴事业还会远吗？

据人民网2018年6月报道：当中国高铁以350公里每小时的速度在祖国的大地上"浮光掠影"时，有这么一群人在默默守护着它的安全，保护着旅客们的安全。他们是与高铁一起奔跑的"动车医生"，思维敏捷、技艺精湛。如果说医生是"救死扶伤"的天使，那么他们就是确保整趟列车旅客安全的英雄。是他们的尽职尽责、无私奉献，让我们的日常出行安全无忧。

董宏涛，是中国铁路首批动车组机械师。他就是这样一位无名英雄，自2007年陇海线西宝提速段首列动车组运行到2017年宝兰、西成高铁投入运行至今，董宏涛用他的专业素养和高度负责的敬业精神，为奔驰在祖国大地上的高铁保驾护航。世界上首条修建在大面积湿陷性黄土地区的郑西高铁，在运行翌日的雨天中，董宏涛听声巡视发现两节车厢车轮擦伤，经仔细研判后，决定列车降速以每小时120公里的速度行驶至就近车站，并将旅客换乘至备车上，确保整趟列车的安全稳定。他凭借高水平的专业素养和认真负责的工作态度，换取了数百位旅客的生命安危。这便是现实中的"危难救援"，现实中的英雄助人！

自2011年以来，董宏涛带领团队科技创新取得了19项成果，其中获得国家专利5项，2017年又有4项成功申报专利。自2015年至今，他以平均每年2~3项国家专利的速度，默默推动着铁路事业的发展。这就是所谓的"大国工匠"：用"一丝不苟"的态度换取日常工作的"可靠高效"，用"精益求精"的风格追求技术领域的"不断创新"，用"持之以恒"的精神演绎着当代中国的"工匠精神"。用自己的双手铸造着国家和民族的产品。

一个人，一群人，甚至数不胜数的企业也是一样，用"工匠精神"打造产品，赋予了产品生命力。一家企业的存在就是因为它的产品。产品，传递着企业服务客户的宗旨，传递着企业人文精神——企业文化。有些企业就是把打造一流的产品作为企业的核心发展战略。腾讯也是这样的一家企业。

案例　腾讯用产品创新打败竞争对手

任何科技行业的领导企业，最大的竞争力必然是创新能力，一旦失去这种能力，失败就不可避免。腾讯，这家15年时间做到市值比肩四大银行的公司，是如何在发展过程中，胜出各种竞争对手的？让我们一起来回顾一下。

1996年，ICQ诞生，瞬间风靡全球，到1998年的时候，这款软件已经垄断了中国的即时通讯市场。而在这一年，ICQ嫁入豪门，成为美国最大的互联网集团AOL公司的旗下资产，有钱有人气，地位不可撼动。1999年，QQ推出，只有两个员工，也就是创始人马化腾和张志东，他们两个蜗居在深圳的一个民房里，埋首研发半年时间而成。然后QQ凭借一系列的创新技术，迅速在同类软件中杀出重围。

在QQ崛起的年代，上网＝聊天室＋新浪新闻＋电子邮件。名头最响的有新浪、网易、碧海银沙等聊天室。最高峰的时候，网易聊天室的一个房间就有几万人同时在线。火爆网络《第一次亲密接触》的故事，就发生在聊天室，多少人在网上做着偶遇"轻舞飞扬"的梦。聊天室的没落，在于这种用户关系是陌生人之间的，太不稳定，而QQ创新推出的QQ群，可以查看聊天记录，可以自行定义好友名，将QQ从早期陌生人之间的关系，转变为真实的用户关系。

1999年MSN开通即时通讯服务，依靠微软的雄厚资本和Windows的操作系统平台绑定，到2001年的时候就已经打败了AOL，成为世界上最大的即时通信工具。到2003年的时候，MSN已经拥有3亿用户，在几乎所有的重要市场上，成为即时工具中的第一通信工具，只差一个中国。这一年，踌躇满志的MSN开始大规模杀入中国市场，开始了与QQ的交锋。凭借免费绑定策略，高富帅的品牌形象，强大的hotmail邮箱和MSN新闻网站服务，MSN很快就在商务通讯市场占有一席之地。

2003年，腾讯推出企业版QQTM，正面迎击MSN。此后通过一系列的技术创新，完美细致的用户体验，一点一点挽回了高端用户的心。忽然有一天，大家发现，白领们的工作沟通工具已经悄悄换回了QQ，而MSN已经成为无人关注的龙套。

腾讯在QQ上面的成功并不是偶然的。对不断推出新产品，不断革自己命的腾讯来说，腾讯永远在路上。使用智能手机的每一个用户，毫不夸张地说，都会下载微信。这款即时聊天工具运用的下载和使用数量破了世界纪录。除此之外，腾讯每天测试的新产品不下几百个。

产品需要用"工匠精神"来打造。HR三支柱管理体系也是一样，一套方案、一套管理体系无不传承着打造者的梦想和价值观。打造者给它赋予了生命力，对它有期盼、有渴望，更倾注团队的"精气神"和智慧。

在搭建HR三支柱的体系时，产品导向也是构建体系的一个路径。在人力资源从业者看来，一项管理规则、一款制度、一套方案和管理体系，其实就是人力资源从业者的一款款产品。接下来，我们简要回顾一下产品这个概念的来龙去脉。

一、企业产品概述

（一）产品的概念

企业要想实现自己的发展目标是离不开产品的，必须及时、有效、准确地提供消费者所需要的产品。企业到底生产什么产品？产品是为谁而生产的？生产的数量为多少？这是涉及企业产品策略的问题。开发满足消费者需求的产品，并流通到消费者手中，是企业经营活动的重心。那么，到底什么是产品呢？广义地讲，产品是指为留意、获取、使用或消费以满足某种欲望和需要而提供给市场的一切东西。它不仅包括电视机、化妆品、家具等有形产品，还包括服务、人员、地点、精神文化品等无形产品。

（二）产品组合的概念及分类

1. 产品组合的概念

产品组合通俗地讲就是一组产品，一个系列的产品，它包括所有产品线和所有产品规格。产品规格，指的是一个大类中不同的品种、规格的产品，在企业产品目录中，每一个具体的品种，就是一个规格。

例如，同一款式的衣服，不同的颜色和码号就是不同的规格。产品线是许多产品的集合，比如一个品牌的服装有不同的款式，这些不同款式的服装共同组成了一个完整的产品线。它们之所以能组合，是因为这些产品具有功能相似、用户相同、同一分销渠道等特点。比如不同款式的衣服，可能在风格和定位上有相同之处。

产品组合的维度包括宽度、长度、深度和关联度。宽度指的是企业产品线的多少。如雀巢公司生产咖啡、饮品、奶制品等，这就是不同的产品线，

每一条产品线代表产品宽度系数为1。长度是企业所有产品线中产品项目的总和。深度则是指产品线中每种产品有多少品种，如某化妆品公司洗发水这条产品线下的产品有三种（分别是三个品牌的洗发水），而其中一个品牌的洗发水有三种规格和两种配方（200 ML、400 ML、600 ML 为规格，去屑、滋养为配方），那么该产品组合的深度则为6。关联度是各产品功能、风格、针对客户人群、分销渠道等方面相互关联的程度。以上四大维度，为企业制订产品战略提供了依据。

2. 产品功能的三个层次

在产品功能的层次划分上，从对用户需求满足的角度出发，可以分为三个层次：

（1）基本功能，即产品满足用户需求的某种使用价值或价值量，包括品质、性能、使用周期、安全性、性价比等。

（2）心理功能，指的是产品对用户心理需求满足的功能，如清新、舒爽、便携、简约等。例如有些奢侈品可以卖到高价，不仅仅是因为它的质量好，更因为它能带给人们心理上的愉悦感、成就感和炫耀感。

（3）附加功能，即产品为用户提供的增值服务功能，如配送、安装等。

二、企业的产品战略

产品战略与市场战略密切相关，也是企业经营战略的重要基础。企业必须通过富有竞争力的产品，赢得顾客，占领与开拓市场，获取利润。产品战略往往关系着企业的胜败兴衰。其中产品生命周期和产品组合是两个非常重要的概念。

（一）相关概念

1. 产品生命周期法

产品生命周期指一种产品从研发成功、投入生产到投放市场开始，直到最后被新产品代替，最终彻底退出市场，这个周期内所经历的全部时间。它包括引入期、成长期、成熟期和衰退期四个阶段，如图1-10所示。

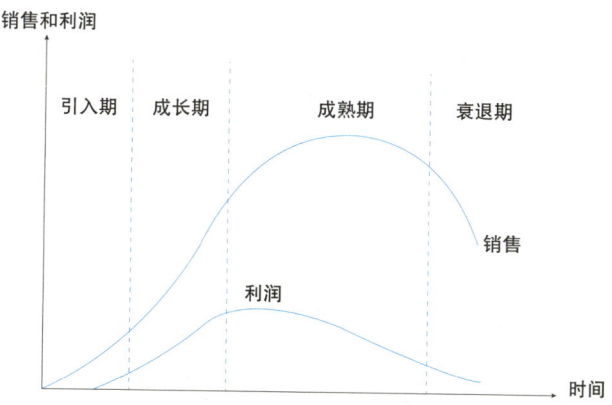

图1-10　产品生命周期管理图

（1）引入期：这一阶段产品刚投放市场，在整个销售流程中属于试销，产品的销售额，一般年增长率在10%以内。从成本上看，因为产品设计未最终定型，工艺也在进一步完善中，产量也较小，单价相对较高。从用户的角度来看，用户对产品处于陌生状态，同行竞争者少，利润较低甚至亏损。这一阶段的主要对策有：缩短这一周期的长度，减少经济损失；加强产品设计和改善工艺；加强市场调查，加强产品推广、广告和促销，提升销售业绩。

（2）成长期：这一时期，产品销量迅速上升，年增长率一般在10%以上，产品设计、工艺等基本稳定，产量增大，成本降低，利润上升，竞争者开始出现。主要对策有：加强管理，保证工艺和质量；技术改造和创新，优化产品；加强广告、促销与售后，更大力度地开拓市场。

（3）成熟期：这一时期，竞争者大量出现，市场接近饱和，年增长率一般为1%～10%，利润达到高峰。主要对策：提高产品竞争力，扩大销售；加强售后和服务，合理调整产品价格等。

（4）衰退期：新产品取代老产品，逐渐进入市场，老产品销量呈现负增长并伴随利润下降。主要对策有：降价促销；设法延长产品寿命周期，如拓展产品用途，改换包装等；在适当时机果断地淘汰老产品，发展新产品，实现产品的更新换代。

2. 产品组合优化法

在产品组合优化的诸多方法中，最常用的是"产品项目平衡管理技术"，由美国通用电气公司和波士顿战略咨询集团于20世纪60年代中期提出，也叫做PPM技术。该方法的应用步骤如下：

第一步，给产品实力（包括市场占有率、销售利润率、市场容量等）和企业实力（包括企业资金利润率、生产能力、技术能力、销售能力等）等各因素确定一个评分标准；

第二步，按照上述标准给每一个产品（产品项目或产品线）评分，并计算出总分；

第三步，依据产品实力和企业实力总分的高低，分别把它们各自划分为大、中、小三个级别；

第四步，通过产品系列分布象限，按照不同实力的产品以及相应的企业实力规模填入系统，其中，纵轴和横轴分别代表产品的市场吸引力、产品的企业实力。

这样，形成九种组合方式，如表1-1所示：

表1-1 产品系列分布象限

市场吸引力 企业实力	大	中	小
强	1	4	7
中	2	5	8
弱	3	6	9

（二）新产品开发战略

新产品开发在企业经营战略中占有重要地位。它包括全新产品、换代新产品、改进型产品等几种情况。现对产品开发战略分述如下：

1. 领先型开发战略

指的是，企业努力追求产品技术水平和功能的新颖性，保持技术优势，以便在市场上赢得领先地位。这一策略要求企业有很强的研发能力和雄厚的资金资源实力。这一战略的主要对策有：

（1）技术领先，不断推出让顾客惊讶的新产品，公司进行持续性的研究与开发，投资建设高新技术基地；

（2）新产品开发必须注意速度、时效问题，研制速度快，开发周期短；

（3）以顾客需求为导向，产品质量务求完美，减少顾客怨言到零为止；

（4）有效降低成本，以价格优势竞逐市场；

（5）高度重视研究与开发投资，由新技术领先创造出差异化的新产品而领先上市，从而占领市场；

（6）运用政治技巧，不同国家的主要市场，派出负责与该国政府相关单位进行长期沟通与协调的专业代表，使当地政府官员能够理解到正确的科技变革与合理的法规限制；

（7）重视教育训练，公司全体员工每年至少有一周时间进行以学习新技

术和质量管理为主的培训。

2. 追随型开发战略

指的是，企业并不抢先研究新产品，而是当市场上出现好产品时，跟随并仿制。这种战略要求企业具有市场敏锐度，有较强的跟踪竞争对手的能力，有很强的消化、吸收与二次创新能力，但容易侵权。

3. 替代型开发战略

指的是，企业有偿运用其他组织的研发成果，通俗地讲就是买技术、买专利等。研发能力不强、资源有限、实力较弱的企业宜于采用这种战略。

4. 混合型开发战略

依据企业实际情况，将上述几种产品开发战略灵活运用的策略。

三、如何用产品思维构建 HR 三支柱管理体系

企业的产品其实相当于人力资源管理领域的解决方案。那么在搭建 HR 三支柱管理体系的时候，我们应该注重什么并规避什么呢？在构建 HR 三支柱的时候，其实就是偏重 HRCOE、HRBP 和 SSC 的支撑作用而不是主导作用。

HRBP 收集到来自业务部门需求的同时，要及时反馈给 COE 或 SSC，一方面向 COE 寻求系统、结构化方略的支持，另一方面寻找决策需要的数据，当然是来自 SSC 的决策数据。所以，此时 HRBP 就需要掌握解决方案的制订方法，也是我在日常交付咨询方案中提到的"解决方案五要素"。

HRBP 要把自己当作产品经理来裂变。我们知道做产品的人一定会把自己当作用户，因为产品最终面向的人群是用户。产品的战略、产品的架构、产品的感觉，这一切的基础都是建立在从用户的角度出发，如果产品经理自己不是用户，不了解用户，那这一定是个失败的产品。所以 HRBP 不是仅仅站在自己 HR 的角度来思考，而思考的终点是用户，也就是我们企业的内部客户。

举个例子，从用户的角度来说，一个产品核心的关键功能应该一步到位，如果基本的、必须的功能不能一步到位，后来再做改进的话，哪怕你后来改得再好再完美，但用户在最初接触到产品的时候就已经被伤害，伤害了用户之后再找回用户是非常困难的，产品经理是否能真正地理解用户就不仅仅是产品的问题了，与之有关联的，是产品背后的人性，产品经理是否抓住用户心理，站在用户的角度思考，这是产品思维最核心的基本点，产品经理的思维过程某种层面上也是洞察人性的过程。

所以，我们在搭建 HR 三支柱体系的时候，必须依照企业业务的发展首要战略来进行。否则，我们搭建起来的体系，就不能驱动组织业务的发展。换句话说就是失败离我们仅有一步之遥。

反思

1. 我们赋予 HR 三支柱的灵魂是什么？
2. 我们日常工作中需要培养自己的产品思维吗？
3. 我们的 HR 三支柱体系还需要做哪些优化？

改进措施

1. _____
2. _____
3. _____

第五节　如何理解运营导向型业务战略

企业运营效率的高低直接反映在企业经营的报表上。每减少一道工序或者优化一个运营流程，将直接给企业带来丰厚的利润。六西格玛、精益生产等每一次企业运营管理理论的诞生都给企业的发展带来了长远的效益。

我初入职场参加入职培训的时候，当时课程中就融入了《5S管理》这门课程，至今记忆犹新。因为当时老师说在培训完一周内每人提交一份"5S"改进措施。毫无疑问，我也提交了一份，并获得了400元人民币的奖励。至今，生产型企业一直在优化制造流程、不断完善和优化制程，提升企业的竞争力。"5S"其实就是精益生产的雏形。精益生产方式起源于日本，通过实施整理、整顿、清扫、清洁、素养五个项目，规范现场管理，营造良好的工作环境，培养员工良好的工作习惯，提高企业的管理水平和人的素质。

纵观国内外的企业在精益方面的成就，有一家值得我们去细细研究，那就是美国的戴尔公司。它能在制造领域做到零库存，是值得学习的典范。实际工作中，我们将其精髓纳入自己HR三支柱体系的构建中。

案例　戴尔公司供应链管理

在网络和信息技术迅速发展的今天,面对电子商务的兴起,企业最关心的是如何通过电子商务解决供应链管理问题。戴尔计算机公司于1984年创立,是目前全球领先的计算机系统直销商,同时也是电子商务基础建设的主要领导厂商。戴尔目前的供应链运转状况可以说是业界最成功的,不管是与上下游厂商的整合还是与客户之间的行销方式都可算独创的先例,从研发、设计、生产到行销完美地串联起来,将整个过程彻底一体化,将电子商务与供应链物流很好结合,为企业在日益激烈的市场竞争中争得一席之地。戴尔公司的供应链管理策略主要有:

一是零库存。零库存的关键是按订单生产。这就要求对用户的需求把握精准。零库存也能最大限度地降低成本。戴尔在全球有6座工厂,包含马来西亚的槟城和中国的厦门。它将原本给200多家供货商的订单集中,交给其中50家,但条件是他们在戴尔工厂旁边盖仓库,就近供货,不愿配合的就从供应链中剔除。戴尔本身的零件库存不会超过2小时,接到订单后,再通知供货商送零件来,从进料到组装完出货只要4小时。从而实现零库存,降低库存成本,不用为库存堆积而蒙受损失。

二是强化供应链上的信息流通速度和透明度。和戴尔做生意的供货商,等于是帮它管理库存,必须很清楚戴尔未来的出货计划,以免库存过多自己赔本、库存不够被戴尔撤换。对戴尔来说,也必须随时掌握整条供应链上的库存情形,确保上游每一家公司的运作都是正常的。这牵涉双向的信息流通和信任。它必须确保这一整条神经活得好好的,一小段出问题,整条神经就会瘫痪,在供应链的运作上,换供货商的成本很高。戴尔高度运用信息科技,架构连接客户、管理生产线和联络供货商的基本骨干,并要求供货商配合。

三是找到最短的到达客户路径,也就是说,用户对戴尔直接提出需求。

这种最短的途径最好的办法就是直销。直销可以直接获得客户的需求，最"懂"市场。戴尔计算机因采取直销方式，库存量低于同业，可将成本下降迅速回馈给消费者。

四是低成本。戴尔采用的直销模式、生产方法和对供应链的管理有助于降低成本，包括戴尔对办公地点的选择和对新技术的研发，也是着眼于不降低质量为前提的降低成本。这些削减的成本最后会反映到用户身上。用户买产品的价格就会趋于更加合理。从这个意义上来说，戴尔喜欢进入技术标准化，但是"利润不合理（很高）"的行业。戴尔通过这种"低成本"运作，实现在这个行业中具备领先优势迫使竞争对手调整自己的管理和策略，降低价格。

五是客户关系管理。这是戴尔公司重点关注的服务。在顾客方面，整合了顾客关系管理的软件，让顾客那一头的下单状况透明，使得工厂和后续供货商那边可以配合得更好，预估做得更准确。

六是接单生产的模式。电子商务的出现及网络化的普及，使得戴尔采取直接接单再生产的流程，这种模式越过经销商，直接和消费者打交道，可以更确切地了解客户的需求。也因此，戴尔没有存货在店面的货架上，所以，一旦货从戴尔的工厂送出，就等于已经卖掉。这就实现了零库存，从而大大提高供应链效率。从顾客下单到出货、存货周转天数只要4天，交货时间提升到只要8个小时。

HR三支柱中的SSC，能起到提升人力资源管理运营效率的作用。在设置SSC的过程中，我们反复优化业务流程，精简作业流程，并加以信息化处理很多简单、重复、乏味的工作。精简不必要的人员配置，降低人力资源运营成本。十年前，我们在给同事出具一份收入证明的时候，需要先自行誊写，然后找直接上司签字确认，再提交给部门经理复核，之后交给人力资源部门签字审批，有的可能还要走到总经理那里批准盖章。其实用精益手段加以分析，这些工作是没有价值的。如今，很多建立了共享服务中心的企业，员工本人完全可以在终端设备完成这些琐碎的工作。

其实，到这里，我们完全可以明白为什么 HR 三支柱有这么大的作用。它是颠覆传统人力资源管理模式的最优方案。接下来，我们一步步分析，看看人力资源管理领域能够从企业的运营角度获得哪些真知灼见去构建人力资源管理体系。

一、企业运营管理概述

（一）企业运营的定义

运营管理就是对企业运营过程的计划、组织、实施和控制，是与产品生产和服务密切相关的各项工作的总称。也可以理解为：运营管理是产品生产及服务系统进行设计、运行、评估和改进。

如今，随着社会的飞速发展，产品早已超出了有形物品的范畴。随着服务业的兴起，生产的概念也扩展了，广义上讲，无形服务的提供也是生产的一种。因此，实施有效的运营管理越来越重要。

现代管理理论认为，企业管理按职能分工，其中最基本、最重要的职能是财务会计、技术、生产运营、市场营销和人力资源管理。这五项职能既相互依赖又各自独立，共同促成企业经营目标的实现。

（二）运营管理的对象

企业运营管理的对象主要是指运营管理的过程和运营系统。其中，运营过程，从投入、转换到产出的所有环节，也是从无到有、价值增值的过程，它是运营的第一大对象。而运营系统是指实现这一过程的手段，其构成既有物质系统也有管理系统。

（三）运营管理的目标

企业运营管理的主要目标是质量、成本、时间和柔性（灵活性／弹性／敏捷性）。

这四个维度是企业竞争力的关键因素，特别是现在的市场竞争日趋激烈，运营管理显得尤为重要。

（四）运营管理的范围

运营管理的范围已从传统的制造业扩大到非制造业，涵盖的范围越来越大。其研究内容也从以往生产过程的计划、组织与控制逐步扩大到运营战略、新产品开发设计、采购供应、生产制造、产品配送直至售后服务等产品的整个"价值链"，并对其进行集中管理。

如今，信息技术无疑是运营管理中最重要的手段。从计算机辅助设计、计算机辅助制造、计算机集成制造系统、物料需求计划、制造资源计划以及企业资源计划再到最近的 AI 技术，相应的典型代表如 CAD、CAM、CIMS、MRP、MRPII、ERP 等在企业生产运营中，都得到了广泛应用。

二、如何借鉴运营模式优化 HR 三支柱体系

运营模式是指企业内部人、财、物、信息等各要素的信息化结合方式，是商业模式的核心层面。如果缺乏合理有效的运营模式，即使再高效的销售模式也会由于缺乏持续而优质的产品服务供应变得空心化。微软的产品更新换代模式、麦当劳的房地产零售模式、安利的开发与生产结合模式、万达的城市中心建设模式等都是比较有特色的运营模式。

运营过程其实就是集中所有系统领导人和事业伙伴的经验和智慧，形成一套完整的教育培训体系并以工具流、信息流的形式层层下达，提高每一位事业伙伴的竞争意识和市场实战能力，提高整个系统在市场上的运作效率。

同时能够把市场第一线的各种信息第一时间层层向上反馈，以便系统领导人在最短时间内作出正确的判断。

运营管理的对象是运营过程和运营系统。运营过程是一个投入、转换、产出的过程，是一个劳动过程或价值增值的过程，它是运营的第一大对象，运营必须考虑如何对这样的生产运营活动进行规划、组织和控制。运营系统是指上述变换过程得以实现的手段。

综上所述，我们在优化 HR 三支柱体系的时候，就要考虑人才数据流、人才信息流的完美结合。从而为客户提供数据化、科学化决策的参考依据。能够令 HRBP 迅速把握客户信息和需求，COE 能够依照 HRBP 反馈的信息并结合 SSC 的历史和现有数据制订出科学的解决方案。这样就把这三者完美地整合到了一起。SSC 提供数据源，HRBP 提供客户需求，COE 依照数据和需求制订解决方案并交付。

反思

1. 我们在优化 HR 三支柱体系时，是否考虑到人才数据源的挖掘、分析和集成？

2. 我们在优化 HR 三支柱体系时，还有哪些业务流程需要整合？

3. 信息化程度不高时，我们还可以运用哪些办公软件来满足业务需求？

改进措施

1. _____
2. _____
3. _____

第六节　如何理解平台导向型业务战略

伴随着全球化的进一步深入推进，大数据、互联网、人工智能等信息技术的不断发展，企业的组织结构也在发生着翻天覆地的变化。如果打电话给亚马逊的客服，本以为会是美国人提供服务，但是，接线服务的是印度尼西亚人，服务已经跨越了国界。传统组织的功能架构已经变得越来越脆弱了，项目化结构、矩阵结构、平台+生态化结构层出不穷。

"所谓未来的企业组织平台化+生态化的经营模式，平台化组织、生态化的经营模式最核心的东西是开发内部的很多功能。作为生态型组织来讲，不管是苹果、谷歌、还是脸谱，采用的都是生态型组织模式。像怡亚通、小米、阿里，差不多有10个案例都是代表中国各个行业的领先企业，包括京东、美的现在都是走向平台化+生态化组织模式。"中国人民大学教授、华夏基石咨询集团董事长彭剑锋先生在一次主题演讲中如是说。

同时随着知识型工作者与个体力量的崛起，在企业内部，要给员工人力资源产品服务，企业通过什么创新性的人力资源产品服务去满足员工对机会、创新、回报、参与、潜能开发、自驱动和赋能的要求？人力资源的产品服务、模式创新就显得尤为重要。COE要真正研发设计出适应人才需求的既满足个性化又满足规模化的人才产品服务，也是我们现在基于需求来提供资源产品服务，满足个性化需求，以及规模化的需求所要面临的挑战。

人力资源服务业务发展是不是未来也要走平台化和生态化的商业模式，或许未来已来。未来，一方面是我们需要服务人才，一方面我们要满足组织发展的需求，整合人才生态和产业生态，通过 HR 三支柱的服务模式，连接人才跟企业之间的需求，实现基于数据驱动的精准人才配置服务，和人才再配置服务，以及人才的发展服务。

人才的发展需求不仅仅是工作的稳定、优厚的薪酬，还要拥有一份自己事业的发展渴望。在广东南沙，就有这么一家企业，既能满足员工对工作的需要，又能满足员工对事业发展的需求。那就是新一代企业家宗毅创办的芬尼克兹。

案例　企业转型新出路——芬尼克兹裂变式创业

2014年，芬尼克兹创始人宗毅首创的"裂变式创业"模式引发关注。芬尼克兹的"裂变式创业"有以下几个要点颇具参考价值：

（1）母公司创始人控股新公司，同时在收益权上充分激励创业团队。芬尼克兹要成立一家新公司，竞选总经理的人必须掏出10%的资金。这个总经理会组建五六个人的创业团队，这些高管都必须掏钱来占股，总经理和高管共占25%的股份。芬尼克兹的两个创始人宗毅和张利加起来占50%的股份。还有25%的股份由原来裂变公司的高管和员工来投资，这样，他们的个人利益就跟这家新公司的成败绑定。此外，宗毅在分红模式上进行了精心设计。假如新公司有盈利，每年会强制分红：税后利润的50%按照股权结构进行分红；30%留下来作为企业的滚动发展资金，投入再生产；还有20%作为管理团队的优先分红，是管理团队的额外收益。

（2）创业团队成员必须掏钱参股，以身家性命赌未来。为什么要让创业团队掏钱？不掏钱就成了干股，干股只是"共享收益，但不共担风险"。在成

熟的企业里，基本商业模式没有问题。而在创业的时候，重要的是共担风险，所以让创业团队掏钱是非常正确的，这样，他们的决策和行动才会像真正的创业者。用钱投票，可杜绝人情关系，选出最好的创业项目和团队。在项目决选阶段，公司的管理层要投钱选出创业团队。这时不会有人因为跟参赛团队感情好，即便认为以后赚不到钱也决定投钱给他们。投钱制度解决了拉票的问题。当每个人拿自己的钱去选人的时候，一定是最认真理性的。这样能筛选出最好的团队，并保障胜出项目的质量。人人平等，每位员工都可报名参加创业大赛，打破新员工职位无法超过老员工的企业伦理困境。企业转型往往遇到一个很麻烦的问题，下属很难变成上司的老板，后入职的员工很难超越老员工的级别。但是如果这个年轻人愿意拿出自己的钱来赌这个项目，企业伦理就自然会被打破，而且在项目竞选中是根据大家的赌注来决定谁坐总经理的位置。

本案例中，员工在组织中既是签订劳动合同的员工，又是拥有股份的合作伙伴。这种现象，将会越来越普遍。这就要求人力资源管理必须升级。制订出能够实现这一业务需求的解决方案。平台模式＋组织生态链的发展模式，究竟给人力资源管理带来了哪些冲击，我们不妨先了解一下什么是企业平台模式。

一、企业平台模式概述

（一）企业平台的概念

平台是一个连接多边群体，并能满足这些群体需要的生态圈。平台在人类历史早期就已经存在，比如市集就是一个交易平台，人们在这里各取所需进行买卖。

平台模式的精髓，在于打造一个多主体共赢的生态圈。例如淘宝的平台模式，它在发展中所恪守的一条原则是只提供基础设施，并不参与具体的交易活动。例如物流配送每年会给淘宝带来几百亿元的收入，是一块很大的利润源，但淘宝把这块业务开放给合作伙伴。这不仅仅是一个姿态，而是一个共赢的商业选择。因为淘宝的决策者也知道，淘宝不可能什么都做好，如果全都自己做，即便用尽全力，也只能做到二三流的服务水准，并且也没有足够精力打造平台。只有保持开放的态度，让这个生态圈内的主体自由竞争，才能产生一流的服务。

与之相应的是，日本企业索尼则是因为封闭保守而被淘汰出局的典型代表。苹果的 iTunes 盛行的时候，索尼公司也同样推出了在线音乐商店——索尼 Connect，并同时配套随身播放器和软件，建立了自有标准的音乐格式 ATRAC3。但令人遗憾的是，这种音乐格式，只能在索尼系列的播放器上播放，此外，索尼播放器仅支持这一音乐格式。

其实，看到这里时，你心里也许已经在默默地念道："作死"。的确，尽管索尼的音乐音质很好，但也无法挽回用户群越来越少的趋势。

（二）平台商业模式及其影响

1. 平台商业模式产生的背景

（1）新商业逻辑的催生源于技术进步。互联网、大数据、云计算、物联网、SNS 社交网络等技术的进步催生出了新的商业逻辑。

（2）用户需求的变化。主流消费人群的更替、消费习惯的转变造成了市场的需求变化。在网民中，"八零后""九零后"的年轻人所占比例逐年增加，已成为主力消费群体。这些年轻人乐于表现自我、喜欢分享，习惯通过网络进行表达、沟通，他们娱乐至上，消费往往是跟着感觉走。从他们引领的新型消费模式中诞生了如今的平台商业模式。

2. 平台商业模式带来的变革与机会

（1）产业价值链的重组——从单边到多边。平台连接了生产者和消费者，原本垂直的价值链被改变了。多样化的供给与消费者多元化的需求得到了完美匹配。例如淘宝这个平台上的商品是海量的，消费者的需求也多种多样且各不相同，但不管你需要什么样的商品，都可以在平台上找到。许多平台企业都实现了轻资产运营，即无需自我研发和囤积产品。只需将多边不同群体的供给和需求拉拢起来，在他们之间建立起一个相当于互动媒介的体系，就可以达到赢利的目标。

（2）关系网的增值性。在传统的经济现象中，我们将消费时所获得的价值视为个人层面的东西，与他人并无任何关联。而随着互联网出现，消费者在消费时所获得的价值，也随之产生了变化，呈现跳跃式增加——即网络效应。网络效应借助平台商业模式放大影响范围，而平台商业模式也可以借助网络效应提升竞争力。

每个人在使用这些平台的产品或服务时，或许并非怀着为他人创造价值的心态，但实际结果却是整体价值的提升。

（3）发掘新的商业机会。首先，平台企业必须从信息需求者与提供者的角度，让截然不同的用户，共同参与进来，才能维持事业的发展。百度与谷歌从传统的技术供应商到平台服务提供商的转变，就是典型的代表。此时，互联网上的所有人，无论是企业或者个人，都成了他们的使用者和顾客。其次，平台企业还要转换思路，开始从产品需求与供应之间的连接点寻找盈利契机，实现由传统制造加工商到平台企业的转变。最后，挖掘消费市场中潜在的网络效应是转型和盈利的关键。平台不仅仅是一个提供机会的媒介和中间商，它的核心利益是建立起一个完善的生态圈，让利益相关群体交流互动，实现价值的飞跃。

二、如何通过生态价值链迭代 HR 三支柱体系

2016年9月，当我初入中国人民大学攻读博士学位的时候，记得是苏中兴老师给我们上的第一节课，在课堂上，苏老师明确告诉大家，HR 三支柱在将

来也会被迭代。究竟会是什么来取代？未来已来，但未来也是未知的。

1. 外部链接

在服务戴尔公司的这三年中，我们其实可以从它是如何实践发展战略中窥见一斑。从以往的硬件服务，到收购 EMC 的软件服务，从学习平台服务自己企业的内部员工，到如今输出学习方案给其供应商，今后也许有可能给行业内外的机构提供服务。目前我自己看来，戴尔就是打造一个平台+生态链的模式在经营。

目前绝大部分企业的 HR 三支柱体系，没有外接端口给其合作伙伴。这就造成了资源没有最大价值地进行开发和利用。今后这可能是一个方向。随着新技术的不断发展，未来一切皆有可能。

2. 内部延展

在给北汽新能源公司服务的时候，他们就赋予了 HRBP 新的职能——公共关系。在很多企业的机构设置中，大型企业一般都有独立的公共关系部门。其实在我看来，这也是一种对 HR 三支柱体系的升级或者成为半迭代。他们的 HRBP 已经换了一个称呼，改称 HCOBP 了。不但赋予了从业者传统的人力资源职能，还赋予了企业文化发展和组织发展的职能。在我看来，这就是向前迈进了一大步。

3. 职能迁移

在北京有一家互联网汽车公司极致车网，其也是我们的客户。他们把 HRBP 的领导线移到了企业大学校长身上。这是一家高速发展的互联网汽车公司，其实这样形容不一定合适。但是，就这种架构而言，目前是最适合极致车网的。

组织在不断地寻找最能满足业务发展需要的模式，不断在迭代。通过以上三个前沿案例，我们作为人力资源从业者，要时刻保持空杯心态，不断学习，自我迭代，才能可持续地为组织的业务发展贡献自己的聪明才智去创造价值。

反思

1. 当下的 HR 三支柱（HRBP、COE、SSC）有可能会被新的 HR 三支柱迭代吗？ HR=Human 人 +Culture 文化 +Organization 组织？

2. 未来企业只保留 HRBP，把 COE 和 SSC 外包出去可行吗？

3. 如果要创造新的人力资源管理模式，我们还应该考虑哪些因素？

改进措施

1. _____
2. _____
3. _____

第 2 章

HR 如何支撑组织业务发展战略

本章内容
第一节　人力资源管理发展趋势概述
第二节　HR 模块化管理向 HR 三支柱结构化发展的升级

一家企业最重要的东西：第一是人才，第二是人才，第三还是人才。

——台塑集团董事长　王永庆

第一节　人力资源管理发展趋势概述

人力资源是一个组织中，在一段时期内所拥有的，能够运用自己所接受的教育、能力、技能、经验、体力等，为企业创造价值的劳动力的总称。

一、中国人力资源管理现状

人力资源的开发与管理在发达国家已有近百年的历史，而在中国的时间却不长。因此在人力资源的管理方法和方式上不可避免地存在一些问题，中国现阶段人力资源管理基本上都处于比较初级的阶段，具体表现如下：

1. 考核目标不明确

一些企业由于考核目标不明确，在设计绩效考核体系时往往存在很多不科学的地方，如考核原则混乱、考核内容不具体、考核项目设定无关联性等。绩效考核体系在更改时也很随意，缺乏连续性、一致性。

2. 考核标准不清晰

一些企业存在绩效考核标准过于模糊、表述不清晰、标准不齐全、以主观代替客观等现象。例如，官僚作风严重，缺乏科学的评估标准，仅凭个人印象打分。考核标准不清晰，得到的结果也必然是不全面、缺乏客观公正的，往往得不到被考核者的认同。

3. 考核方式单一，考核结果不科学

有的企业在进行绩效考核时，只是单向考核，即上司对下属的审查式考核。这就很容易受到感情分、偏见等不良因素的影响，绩效考核结果很容易产生偏差。

4. 人力资源管理与企业文化的契合差距明显

目前，国内许多企业非常关注企业文化的建设，但在企业文化建设过程中却存在重视业绩而忽略企业核心价值观的作用、重视企业文化策划人员的创意而忽视企业实际情况等误区，这些都影响着企业员工潜力的发挥。

5. 人力资源管理的技术方法落后

当前的人力资源管理还仅停留在人是最重要的生产要素上，这是远远不够的。很多企业在人力资源规划、招聘管理、培训分析、绩效评估管理、薪酬设计、组织管理等方面的技术和方法还相当落后。

6. 在人力资源配置上岗位需求与人员的能力脱节

尽管我国培训市场发展迅速，但目前很多企业的员工培训工作仍处于不稳定和低水平状态，培训的效益难以体现。企业对培训的投资少，员工的素质难以提高。

二、中国人力资源管理面临的挑战

1. 人力资源管理环境带来的挑战

（1）全球经济一体化。世界经济的一体化使人才竞争与人才流动国际化变成了现实。如今企业对热门技术人才的争夺已趋于白热化，只有那些能够吸引人才、留住人才并能够对人才进行合理激励的企业，才能真正获得竞争

优势。

（2）技术进步。通常来说，技术进步要么促使组织更有实力、更具竞争性，要么改变工作的性质。例如，网络的普及造就了许多自由职业者，但高科技的使用，也对员工的素质提出了新的、更高的要求，在这种新的工作环境下，如何科学有效地考评员工已经成为新的课题。未来，这个问题会更加突出。

（3）组织发展。如今，组织结构已经越来越灵活，开放式、小组式、合伙人式的组织越来越多。竞争加剧、产品生命周期缩短以及外部市场迅速变化，对企业弹性和适应性都有了更高的要求。相应地，人力资源部门要负责打造良好的信息沟通渠道，对员工的管理要做到公平、公正和透明，要找出更有效的激励措施等。

（4）人口结构变化。过去企业在用工上有明显的优势，而今更多的是双向选择。员工对自身价值的认识也有了一定的提高，不仅对物质层次的要求有了明显提高，在精神层面也有了更高的需求，他们希望被尊重、被认可，希望参与组织管理并实现自身价值。

2. 人力资源管理自身发展的挑战

（1）员工个性化发展。年轻一代的员工已经越来越多样化、差异化、个性化，这就要求人力资源管理必须个性化、人性化，恰当地平衡组织与员工个人的利益。

（2）生活质量提高。随着物质生活的提高，员工在追求工资、福利之外，对企业提出了更高的要求。

（3）工作绩效评估。由过去的单一考核，发展为必须形成绩效、潜力、教导三结合。

（4）人员素质。即对企业家、各类管理人员的素质要求日益提高，人才的选用育留变得越来越重要。

（5）职业生涯管理。员工的稳定性越来越低，要求企业必须重视员工的职业生涯管理，帮助员工创造更多的成功机会和发展的途径，获得个人事业上的满足感。尤其在较成熟的企业组织中，在职位饱和的情况下如何处理员工的晋升问题。

（6）部门定位。人力资源部门如何在众多的企业职能部门中发挥作用，找到自身存在的价值感，也是其面临的一大挑战。

三、人力资源管理的未来发展趋势

互联网改变了传统的商业模式，也在改变着人力资源。如今的移动互联网时代，更是可以通过技术追踪用户的网络行为习惯，通过各种数据分析，归纳和演绎出用户行为模式，从而预测用户的潜在需求。

1. 从事务型 HR 向战略型 HR 转变

在多数企业中，HR 很难获得较高的行政管理职位。究其原因，关键在于 HR 将主要精力集中在职能性工作上，而非放在直接影响企业绩效的关键任务上。和跨国企业的高管们交流，听他们讲述最多的就是 HR 高层很难招，战略型 HR 成为稀缺资源。

当你能够持续为企业带来"积极的改变"和"创新的思路"时，你在老板心目中的地位和在员工中的影响力也会迅速提升，这也是你从事务型 HR 向战略型 HR 转变的必然路径。

2. 人力资源管理全面数据化，HR 应该成为数学家

在体育赛场上，教练员早就运用数据分析的方法对球员的场上发挥作出预见，在状态最好的时候派他上场，而在状态下滑的时候及时调整人员。

未来，运用大数据技术，企业对于某个业务部门在某一时间节点的销售情况也许是可以"预见"的，如果预见到的销售情况不符合目标要求，就可以及时作出战略部署，增加资源。而如果预见某个具体工作人员的个人绩效将会下滑，你可以及时"挑出"有问题的员工，开展人力资源辅导工作。所

以有人说，HR应该成为数学家，应该采集更多的数据来辅助科学决策。

迎接移动互联网时代，越来越多的企业实施了组织变革的计划，人力资源管理者则成为这些变革计划的组织者和领导者。目前，越来越多的企业人力资源管理者将工作重点放在提升企业绩效上，将那些事务性工作标准化、自动化。而将主要工作精力放在提高人才的产出上。

3. 从事后管理到事前管理，HR角色的重新界定

人力资源管理正在发生着从事后管理移到事前管理的变化，即人力资源管理有必要对客户、业务和市场进行深入了解和分析，并在此基础上把握整个公司的走向，对整个行业的走势进行前瞻性预测。

在互联网与云计算时代，HR已经不再是传统意义上的人事管理了，它的作用日趋重要，在未来的企业管理中将扮演以下三种角色，如图2-1所示：

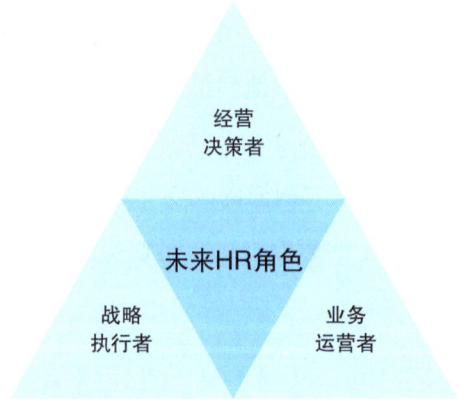

图2-1　HR在未来企业的三种角色

（1）经营决策者。过去，人力资源部门往往被当作一个无足轻重的行政管理部门，认为它与企业的经营没有什么关系，做的都是基础性、事务性工作。

但进入知识经济时代后，人力产出的重要性越来越明显，人才的能动性与企业的绩效和成败挂钩，所以人力资源管理的核心地位越来越突出。如今，人力资源管理不再仅仅局限在人事工作上，而要更多地参与到企业经营活动中来，成为经营决策者。

（2）战略执行者。协助高层推动组织战略的执行。组织对人力资源管理问题的日益重视和人力资源在现实工作的重要作用，使得近几十年来人力资源管理者在企业中的地位不断上升。如今人力资源管理者也能上升到CEO这样的核心职位，充分说明了人力资源的地位日趋重要。

（3）业务运营者。人力资源管理者要帮助业务部门去达成目标，成为业务经理的参谋。人力资源管理将被确认为各级管理人员的共同职责，不仅仅只是人力资源管理部门的任务。

人力资源管理部门将把人力资源管理作为经理业绩考核的重要内容之一，特别是其评估下属员工业绩的能力。部门经理应该主动与人力资源部门沟通，共同实现管理的目标，而不仅仅是在需要招聘或辞退员工时才想到人力资源部。人力资源部门要与各级管理人员建立伙伴关系，成为他们的支持者或服务者。

反思

1. 你所在企业的人力资源管理工作开展与目前发展是否匹配，主要问题有哪些？

2. 在你企业中，目前在 HR 管理工作上都面临哪些挑战，你是如何应对的？

3. 结合 HR 未来三种角色——经营决策者、战略执行者、业务运营者，你在企业 HR 日常管理工作中扮演着什么样的角色？

改进措施

1. _____
2. _____
3. _____

第二节 HR 模块化管理向 HR 三支柱结构化发展的升级

一、人力资源三支柱体系

人力资源管理的发展史也是一部人力资源的变革史，HR "三驾马车"就是在变革中产生的一种先进管理理念，通常也被称为"HR 三支柱模型"，即 HRBP（人力资源业务合作伙伴）、HRCOE（人力资源卓越发展中心）、HRSSC（人力资源共享服务中心）。

"HR 三支柱模型"概念，由戴维·尤里奇于1996年提出，于2001年引入中国。实际上，IBM 公司才是三支柱模型的先驱者。IBM 公司的每一次变革都伴随着人力资源的变革和人力资源的支撑，基于客户价值，随需而变，人力资源管理始终在通过人力资源的变革去支撑企业的战略转型和系统的变革。人力资源跟着战略和业务走的核心思想，是将人当作"资本"而不是"资源"，考虑人才的投资回报比，将"人力资本"当成一项业务来经营，这样就重新定位了人力资源部门，从职能导向转向业务导向。HR 不再只是一个服务部门，而变成了一个可以创造利润的部门。HR "三驾马车"是 HR 变革转型的发展方向，是 HR 职业发展的三条道路，也是专业 HR 成长的三个层级阶段。不管公司的人力资源组织是否按照"HR三支柱模型"设置具体的HRBP、HRCOE及HRSSC，作为HR也应该掌握"HR三支柱模型"的管理理念，如图2-2所示。

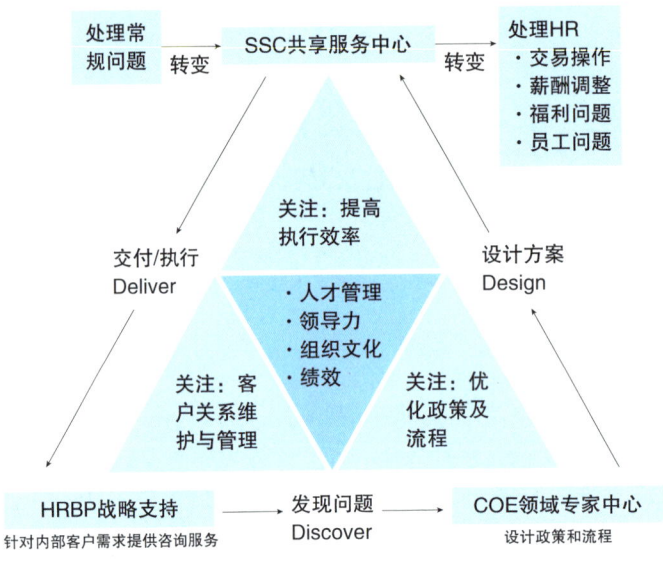

图2-2 "HR三支柱模型"管理结构图

（一）三支柱角色分工

"HR三支柱模型"不仅是一种业务分工，更重要的是思维的转变。例如，有些公司人少，整个HR部门就6个人，用三支柱一分工，可能就没有人干活了。但企业至少要知道在什么情境下用BP思维，什么情境下用COE思维。

三支柱角色分工有什么不同呢？如果我们把它比喻成一支军队，那么HRBP就是特种部队和侦察兵。它侦察敌情、提供火力坐标等，碰到小股敌人自己解决。碰到大规模的问题，就要呼叫HRCOE。HRCOE是炮兵和航空兵。COE除了提供解决方案以外，统筹方向平衡。HRSSC是步兵。什么是步兵？

BP发现问题，COE火力覆盖，覆盖完以后出现流程和标准谁执行？就是步兵。当然，这样的说法并不能完整地描述出HR三支柱的核心原理，只是一个形象比喻而已。HR三支柱管理原理和HR模块化的管理原理是一个结构化的转型升级，如图2-3所示。

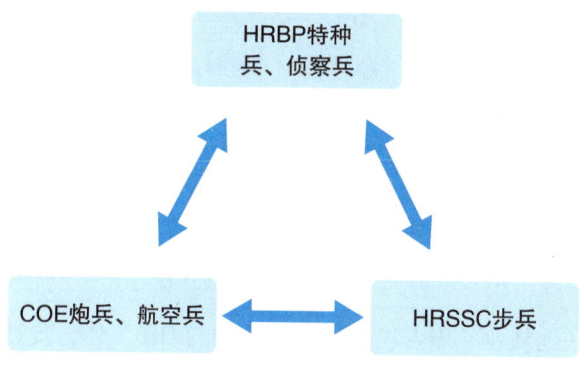

图2-3　三支柱角色分工的形象比喻

（二）三支柱角色核心价值领域

HRBP核心价值在于：与业务部门同事的沟通是否有效，对业务部门的需求挖掘是否到位，所提出的解决方案是否能够落地执行。

COE核心价值在于：其提供的工具、流程是否专业合理，系统解决方案能否促进业务的发展、前瞻研究的HR趋势是否能够引领企业人力资源的发展和突破。

SSC核心价值在于：一是业务归集，很多公司设有共享中心，业务归集是把多少人群收集过来做SSC服务，现在腾讯、华为、星巴克等企业做得都很棒；二是响应速度，流程是否足够精益，服务的稳定性是否够高，能否为组织人力资源管理与发展提供有效的决策数据支持。

（三）HR 三支柱的本质

HR 三支柱的核心是通过分工，把人力资源的效能和效率最大化，让合适的人做合适的事。HRBP、HRCOE 和 HRSSC 是一种工作思维方式和角色框架，代表了大部分工作三种不同性质的任务：面对客户需求、专业工作和操作执行层面的工作可以合理分配。这个分工可以作为日常工作安排的指导，达到提升工作效率的目的，如华为著名的"铁三角工作单元"，由 AR(客户经理)、SR(解决方案专家)和 FR(交付经理和订单履行经理)组成，以客户为中心，依据这种分工来协调配合工作。

科学合理的分工固然会带来效率的提升，但其前提是企业要达到一定的规模和成熟度。否则就会非常低效和浪费，更损失了个性化和灵活性。因此，对一些基础弱、规模小、业务成熟度低的企业来说，HR 三支柱模式并不适用，倒不如实实在在地从业务痛点出发，做好基础的 HR 工作，支持业务的发展。

HR 三支柱是人力资源转型的一种模式，但转型不等于 HR 三支柱。这种转型是为了打破过去以职能为中心的管理思维，回归到业务上来，从职能导向回到业务导向，提升企业的绩效。

总之，人力资源管理是一个越来越专业的课题。人力资源管理更深层次的价值，也有待我们去探索和突破，去发现新的管理模式并促成企业业务的发展。

二、HR 三支柱与企业核心业务的关系

HR 三支柱模型对于企业的真正意义可以通过三支柱各个模块与企业核心业务的关系体现出来。HR 三支柱与企业核心业务关系如图2-4所示：

第 2 章 | HR 如何支撑组织业务发展战略

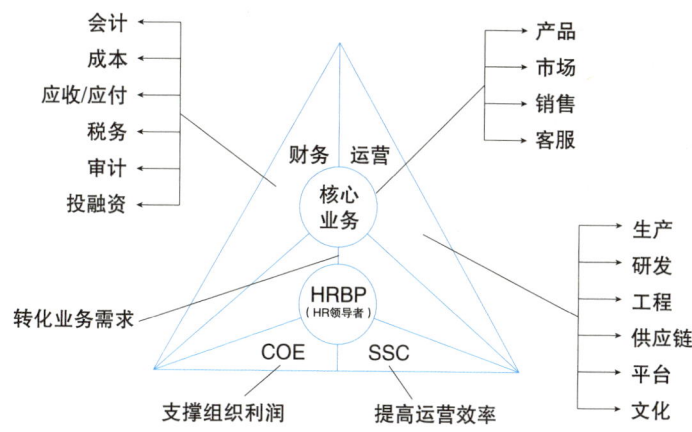

图2-4 徐升华 HR 三支柱模型

（一）人力资源卓越发展中心——支撑组织业务

人力资源卓越发展中心（HRCOE）的主要内容是员工安置、员工发展、薪酬、组织绩效、员工关系和组织关系等，针对以上方面提出专业性的建议和设计有效的解决方案。

定位：HR 的领域专家，提升公司人力资源政策、流程和方案的有效性，并为 HRBP 服务业务提供技术支持。通常扮演下列角色：

第一，设计者：设计业务导向、HR 政策、流程和方案，并持续改进；

第二，管控者：关注政策、流程的合规性，控制企业风险；

第三，技术专家：为 HRBP、HRSSC、业务管理人员提供本领域的技术支持。

（二）人力资源共享服务中心——提高运营效率

人力资源共享服务中心（HRSSC）是指企业集团将所有与人力资源管理有关的行政事务性工作（如员工招聘、薪酬福利核算与发放、社会保险管理、人事档案管理、劳动合同管理、新员工培训、员工投诉与建议处理等）集中起来，建立一个服务中心。目的是整合资源、降低运营成本、提高运作效率。通常扮演如下几个角色：

第一，员工呼叫中心：满足员工和管理者发起的各种需求；

第二，HR流程事务处理中心：支持行政事务部分（例如发薪、招聘）；

第三，HRSSC运营管理中心：提供内控、数据、技术和供应商管理支持等。

（三）人力资源业务合作伙伴——转化业务需求

人力资源业务合作伙伴（HRBP）是企业派驻到各个业务部门或事业部的人力资源管理者，协助业务部门经理在员工发展、人才发掘、能力培养等方面的工作。

HRBP定位：HR的业务伙伴，确保业务导向，在懂业务的前提下配备HR资源，通常扮演如下几个角色：

第一，战略伙伴：在组织和人才战略、核心价值观传承等方面推动企业战略的执行；

第二，解决方案集成者：集成COE的设计，形成业务导向的解决方案；

第三，HR流程执行者：执行HR流程；

第四，变革推动者：在企业变革中扮演催化剂的角色；

第五，关系管理者：管理和协调员工关系。

（四）企业核心业务

企业的核心业务主要包括财务管理和组织运营两方面，如表2-1所示。

表2-1　某企业财务部职责分工表

序号	组别	职责	组成人员
1	账务处理组	• 记账凭证的编制与复核 • 记账凭证的输机 • 输机后记账凭证的复核及过账 • 凭证汇总表、明细账、财务报表等的打印 • 金蝶账套的日常维护及更新	组长：××× 组员：×××
2	往来管理组	• 发票、收据的开具及登记 • 工程款收支的管理、统计及工程款收入预算的编制 • 相关税费的核算及扣除 • 与项目经理及建设单位定期和不定期的对账 • 往来手工账的登记及核对	组长：××× 组员：×××
3	纳税申报组	• 集团公司及子公司每月税金的核算及申报 • 每月税务报表的报送及完税凭证的领取 • 其他相关税务事项的办理	组长：××× 组员：×××
4	资金结算组	• 各种银行结算票据的购买及保存 • 财务章、法人章的保管 • 现金的提取及银行结算的办理 • 公司的日常报销及银行、现金日记账的登记、核对	组长：××× 组员：×××
5	成本管理组	• 每月材料、人工成本核算及分解 • 材料发票的收集及整理 • 员工工资单的分析及签字	组长：××× 组员：×××
6	对私融资组	• 个人贷款本金吸收及偿还 • 个人贷款利息的核算及支付 • 个人贷款资金的使用及监管 • 相关手续的办理及资料的整理	组长：××× 组员：×××
7	对公融资组	• 贷款前期资料的准备及相关手续的办理 • 贷款发放后相关财务资料的准备及报送 • 贷款利息的支付及本金的偿还 • 其他相关工作的办理	组长：××× 组员：×××

三、HR 三支柱实施中的难点

"HR 三支柱模型"一经提出就受到了企业界的追捧,在很短的时间内,无数企业都试图依据"HR 三支柱模型"来重构人力资源管理体系。不少企业也都设置了 HRBP、HRCOE 和 HRSSC 等部门角色,但是总体结果并不理想。一项全球调研发现,有53%的公司认为 HRBP 在本公司的推行是不成功的,国内的成功案例更是凤毛麟角。部分企业在实施"HR 三支柱模型"后,不仅没有达到期望的转型效果,用户体验反而变得更差,运营效率也降低了,"部门墙"的现象也比以前更严重了。

是什么导致上述情况的出现呢?"HR 三支柱模型"实施的难点何在?

(一)仅有"理论正确"是不够的

"HR 三支柱模型"代表着人力资源管理的一种新趋势、新方向,业界也并不缺乏深刻的洞见,不少理论比如搭建强大的 IT 支撑体系,选拔优秀的 HRBP 队伍,重新梳理流程等,都非常到位,那么为何实践起来就是无法成功呢?

企业的实践往往受到多种因素的影响,如策略、时机、资源、环境、人员、决心等,理论只是其中的一项要素。

对大部分企业来说,人力资源转型仅仅是企业战略中的一部分,企业不可能去无限投入资源和不计成本。因此,有些建议,比如再造一个具有业务思维的专业 HRBP 队伍等,虽然理论正确,但在实操层面是很难实现的,因为它的时间成本和金钱成本都比较高。更何况,企业的人才构成有其历史原因和背景限制,很难短期内发生根本性的变化。

因此,企业要想实现人力资源的转型,必须回归业务本质,寻找破局点,适当妥协,集中有限资源,以最低的投入换取最大的回报。其实,越简单的行动方案阻力越小，就越容易获得成功。

（二）企业 HR 三支柱转型缺乏系统的规划和明确目标

大多数企业在实施 HR 三支柱时，都是从组织结构的调整开始，把人力资源部门的架构按照 HR 三支柱重新分工和命名，调整岗位和职责：把原来的 HRM 转成 HRBP；把本来直接管理招聘、培训、员工关系等职能的 HR 人员划转到 SSC 共享部门；把以前做薪酬、培训体系设计等专业职能集中到总部，成立了 COE，相应的汇报关系进行了调整，分属不同的领导。很多企业的转型工作就到此为止，后续或者还有一些独立的推进工作，但往往这些新成立的部门开始进入了盲目的自我生长阶段。

（三）三部门之间缺乏有效的沟通

对业务部门来说，不论 HR 如何转型和分工，主要对接的都是 HRBP，他们遇到的大部分问题需要 HR 支持和配合，都会直接反映给 HRBP。例如，业务部门遇到紧急招聘需求时，会直接反映给 HRBP。在转型之前，人力资源部可以直接让招聘专员去完成工作，现在却要转到共享中心的招聘部门寻求支持，而招聘部门的人员因为远离一线，往往缺乏对业务的理解和直观感受，更关注的是自己的 KPI，很可能将这个需求延后处理。当业务部门不满而投诉到 HRBP 时候，因为 HRBP 并非招聘的直接领导，他只能去找招聘共享中心的负责人，双方很容易陷入无休止的推脱中。

另一方面，COE 承接了专家的角色，但他们远离一线，往往对业务的实际情况一知半解，为了体现自己的价值，常在方案的专业度上无限延伸，脱离实际；更大的问题在于，有限的 COE 根本没有足够精力应对众多的专业需求，很多时候只能出于应付做一些不合格方案，但 HRBP 是这些方案的执行者，这样也很容易造成双方之间的矛盾。

三支柱落地实施指南

四、HR 三支柱转型落地的方略

HR 三支柱转型过程中，不宜操之过急或者展开面过大，要结合实际，抓住关键环节，用更灵活和容易落地的方式去持续推进。针对目前转型过程中的常见问题，我们从实际操作层面提出以下建议供参考：

（一）设定 HR 转型项目组

众多人力资源部转型失败的原因在于缺乏有效的领导团队（大部分是人力资源部负责人发起），没有整体设计，三个内部领域互相割裂，缺乏统一的语言和方法，以致无法协同，最终失控；另一方面，没有找到客户的真实需求。HR 三支柱对接的是业务发展而不是人力资源内部的分工。因此设立一个强有力的机构统一领导转型非常重要。这个项目组并不一定要是实体的，也可以是虚拟的，建议由 HR 负责人 + 业务重要领导协同，同时要选拔精通 HR 三支柱的实施机构或者项目顾问，从全局策划转型路径，协调各个模块的方案，确保各模块在整体框架下有序推进工作。

（二）根据以客户为中心的理念，设计组织角色和工作内容

HR 三支柱的3种岗位并非必须同时兼备，可以根据企业的实际情况拆分、调整、组合，如 HRBP 可以同时兼任部分 HRSSC 的工作。此外，在实际操作中，不能简单地把所有相关工作划到某一块，而要以客户为中心重新设计流程、角色和工作模式。

以招聘为例，虽然招聘在 HR 三支柱中一般放到共享中心服务里，但是招聘本身也可采用三支柱的设计，可设定招聘顾问、经理等；COE 在招聘职能中扮演专家角色，这个角色可以是兼职也可以是全职的；在不断提升交付能力和效率的前提下，它的 SSC 可根据需要灵活设置。

(三)设立客户导向的汇报、评价路径,关注客户体验

角色的分工很容易导致"部门墙",需要建立一种内部驱动的工作制度,提升人员活力,很重要的一个方面就是汇报和考核关系的设置。

HRBP 的客户是业务,BP 汇报工作有的汇报给业务领导,有的汇报给 HR 负责人,或者同时汇报,根据发展阶段不同而有所差异,但建议以业务评估为主要依据;SSC 的评价主体是 HRBP 和员工;COE 的评价主体是 HRBP。理论上讲,在进行变革的时候,最核心的问题不是战略、组织结构、文化等,而是如何影响员工的心理感受,进而改变他们的行为。

(四)降低 HRBP 的数量和比例,提升质量,树立标杆

HRBP 是三个角色中最难的角色,要求具有极强的业务敏锐度,拥有人力资源管理的专业度,还要有强大的影响力和执行力,这类人才相当稀缺,企业很难同时找到大批合格的 HRBP(现状是很多公司的 HRBP 由之前的传统 HR 担任,无法有效胜任新角色),而这个角色能否得到业务认同是 HR 三支柱能否成功转型的关键,宁缺毋滥,宁可配置较低比例也一定要优中选优。在工作量这个问题上,可以把工作进行分解,将一些初级工作分配出去,HRBP 只负责战略性关键工作的执行。

(五)COE 的建设宜精英化,建立多元的、分布式的卓越能力

在国外,通常几千名员工才配备一名 COE。在国内,虽然 HR 通才很多,但真正精通某一领域的业务,同时具有战略性思维的人才很少。因此,COE 建设不能盲目追求数量,而要保持其精英本质,一旦 COE 缺乏专业的权威,其方案制订脱离实际,就会造成很大的负面影响。鉴于市面上 COE 的精英人才较少,企业可以采用内外结合的方式来解决这个问题,比如让内部专家(COE)与第三方咨询顾问合作,形成一种有效的能力互补协作模式,共同打

造团队专业能力。

COE 的工作风格以质量为第一要素，不追求速度，所制订的政策必须保持一定的稳定性，不可随意更改。同时要有所为，有所不为，切勿越界，做一些本应由业务 HR 负责的内容，而在实际操作中，这往往是 COE 失去业务 HRBP 支持的常见原因。

（六）SSC 的建设以流程和效率提升为中心

SSC 的最大风险在于远离客户，对客户反映的时间延长。转型方向在于通过流程的标准化和模块化梳理，以交付的思维明确界定服务标准、交付质量。我们以招聘共享为例，招聘要有明确的工作流程和服务标准，界定从业务/HRBP 提出需求后，招聘共享如何介入，如何确定交付标准，之后采取什么动作，每个环节的周期以及流程中的监控方法。当遇到问题的时候，如何应对等。

只有让 SSC 的服务更加成熟和产品化，HRBP 才能有效为业务提供好的解决方案。

（七）设定转型路径和阶段目标，积累短期胜利

HR 三支柱的转型不可能一蹴而就，随着时间延长，阻力往往会越来越大。领导变革之父约翰·科特认为，没有创造一个又一个短期胜利是变革失败的最主要原因。

因此，在 HR 三支柱转型中，要持续创造一些可见的小胜利，有利于累积信心，获得支持，从而推动持续转型。

对 HRBP、COE、SSC 这三个角色的转型可以区分优先级，建议先从容易获得进展的 SSC 入手，如 SSC 可以先从员工关注的及时发对工资、考勤数据等要求入手，不断提升流程的完整性和准确性。

HR 三支柱的每个角色转型中涉及的关键任务、阶段目标和质量标准，要

一步步推进，如 HRBP 角色很难从固有的支持角色一下子完成转变，初期阶段可以从容易界定的人才问题入手，如人才盘点、人才规划、人员发展等，帮业务部门解决好最常见的人员问题，获得认可后再逐步介入复杂的组织变革、组织设计和企业文化等方面。

反思

1. 通过本节阅读，你对"HR 三支柱模型"都有哪些认识和体会，结合实际工作，你的企业是否有需要重点关注的角色？

2. 日常工作中，你是如何运用 HRBP 思维，将人力资源管理工作开展转化为业务需求的满足？

3. 根据本节内容，你的企业如果实施"HR 三支柱模型"，最主要的阻碍在哪里？

改进措施

1. _____

2. _____

3. _____

HRBP 篇

第 3 章

战略支持者——HRBP

本章内容

第一节　你真的懂 HRBP 吗
第二节　HRBP 的角色与职责
第三节　你具备 HRBP 的胜任力吗
第四节　中国企业 HRBP 实施路径

第一节 你真的懂 HRBP 吗

一、HRBP 的前世今生

在 HR 三支柱盛行的今天，HR 三支柱模式已是企业人力资源改革的必然选择。HRBP 作为"HR 三驾马车"核心之一，更被众多企业认为是必不可少的一个职位。

我在之前的书中描述过：2014年12月10日，国际人力资源学术研讨会在香港举办，我和我的导师戴维·尤里奇先生再次相聚，也就此进行了探讨，他也十分认同这个观点。再进一步来说：HRBP 更是一个具有商业业务思维，掌握系统化的 HR 管理技能，能够在组织里面担任相应的 HR 运营职位，不但能够理解、运用和优化成熟的 HR 管理模式，而且还是制订并执行能够促进组织业务发展的解决方案的专业人士。

事实上，早在1997年，戴维·尤里奇基于时代变化赋予了人力资源部新使命，提出了 HRBP 理念。当年，在他出版的《人力资源冠军：下一个议程——增加附加价值和交付成果》一书中，他提出了 HR "三驾马车"和"四种角色"两个著名的观点，从此人力资源的时代完全被改变了。"三驾马车"即他对话拉姆·查兰那篇文章中所说的 HRBP、HRCOE 和 HRSSC。

在戴维·尤里奇看来，HRBP 必须以战略业务为中心，让 HR 成为 CEO 的左右手，有一种通俗的民间说法是：HR 既是 CEO 的"小棉袄"，又是 CEO 的"军大衣"。进入21世纪后，随着 HRBP 体系的进一步研究与拓展，尤里奇又提出了改进版的 HRBP 框架体系，他主要做了如下两点修正：

其一，在员工代言者的角色中强调了人力资本开发者的作用，这既要充分满足员工的需求，又要将他们培养成可以完成公司使命的人。

其二，强调 HR 作为领导者，不仅是行政专家，还要协助展开公司治理工作，并通过战略目标和规范来协调各部门间的工作。

（一）HRBP 是什么

HR——基础能力，指的是人力资源管理的知识和技能，是业务部门所欠缺的，由于职能的不同，业务部门的工作重心在其本职工作中。所以业务部门希望 HR 帮助他们来弥补，这也是 HR 的立身之本。

B（Business）——业务理解能力，业务理解能力并不是说让你直接去做业务，而是要你了解公司业务部门是怎样运行的。

华为公司强调"从客户中来，到客户中去"，始终让 HRBP 冲在业务第一线，及时了解业务需求，有针对性地提出解决方案。与此同时，在 HRBP 的建设过程中，让一批业务主管加入到 HRBP 队伍中来，让 HRBP 对业务有更多的理解，形成"懂业务 + 懂 HR 专业"的 HRBP 团队作战模式。

不难看出，华为在 HRBP 模式的构建中，一直在强调业务价值的导向。不论是在战略执行、员工管理还是组织变革上，始终都是结合业务来进行，这也是华为超强执行力的根源。当组织的一切都围绕业务开展时，人人都是业务伙伴，人人都是组织发展的"发动机"。

P（Partner）——合作伙伴，"P"在这里其实包含有三层意思，分别是：Partner（合作伙伴）、Partnering（合作）和 partnership（伙伴关系）。目前国内对于"P"的理解是有偏差的，可能是因为语言和文化的不同。但是我们人力

资源从业者一定要究其本意。当我们明白了"P"的三层含义时，HR 三支柱就很容易理解，用一句话来概括就是：合作伙伴必须先要有合作才能建立起伙伴关系。这样一来，我们也就更容易抓住 HR 三支柱的原理核心。

（二）HRBP 跟传统 HR 的区别

我曾就职的某公司，清洁工阿姨每天做完本职工作后，就没什么活可干，最初的时候我就让她做些接待客户的工作。但一段时间后，我觉得可以多激励她去做更多的工作，这样也可以提升她自己。

刚开始时，她做一些初步的文字加工处理、考勤数据收集与对照以及公司办公室文件的派发工作。这样下来，不仅可以丰富她的工作内容，还因为受到公司重视，她也很乐意去做。

半年以后，这位阿姨被公司提拔任用为部门文员，收入也比之前增加了一倍。虽然之前她能做清洁工，但每天在写字楼工作的时间，也就六个小时左右，还有很多闲暇时间。然而，如果她也会操作电脑，并熟悉公司一些基本的文职事务，她个人的能力和价值比以往就有了质的跨越和突破。

如果是传统的 HR，会考虑如何为这位阿姨做考核清洁情况，而在 HRBP 眼中，即便是一名清洁工阿姨，也可以当作推动组织业务发展的力量。对公司外部的人来说，如果看到该公司的一位清洁工阿姨，在公司都能有这样长足的职业发展，我们的 HR 人员又何愁招不到人，我们的公司又何愁没有竞争力？

这就是 HRBP 应该具备的能力，只有在工作中做到这些，才能打破直线经理对 HR 不懂业务的传统看法。只是一味地坐在办公室里面，不去了解外面的世界，这早就行不通了，作为 HRBP，必须积极主动地去关注这些外部环境，包括国家宏观政策、技术全球化、人口因素等对组织和企业带来的变化和影响。唯有如此，我们才能真正成为公司的业务伙伴。以下，我们从组织、服务、个人三个角度去分析传统 HR 与 HRBP 的差异，进一步理解 HRBP

的重要性。

首先，从个人角度看HRBP跟传统HR的区别，如表3-1所示。

表3-1 从个人角度看HRBP跟传统HR的区别

	传统HR	HRBP
团队性	习惯专业模块分工和任务型工作，喜欢单打独斗，易成为单一专业型人才	必须与业务搭档紧密合作，抱团员工，与其打成一片，与业务共成长，易成为复合型管理人才
策略性	在职能部门，日复一日的事务性工作，最容易下手去做的是优化做事的方式、方法	横跨业务部门与人力资源部门，需要洞察行业、产品和客户的发展趋势及变化，需要策略性地调整HR举措以满足动态的业务发展需求
突破性	习惯模块分工，习惯内部约束条件，很难去突破岗位和职责边界，像食草动物一样	需要目标导向，面对快速的市场变化和迭代的业务需求，需要敏锐的嗅觉、保持进攻姿态、不断突破舒适区
开放性	像苹果IOS系统，HR人才自己选拔、自己培养，主要靠内部循环解决	像安卓系统，HR人才来源多、渠道广，培养方式多样，结构性更趋合理
发展性	上升通道容易局限在HR领域，跨专业部门有一定的壁垒，职业发展天花板明显，发展通道单一	属于业务与HR交集，可在HR领域和业务领域螺旋上升，职业发展通道具有多元性
同步性	习惯职能部门工作节奏，到点打卡上下班，基本都是实施标准工时制，和业务部门协同作战极少	按照业务部门工作节奏，与业务作业时间同步，具有充分协同、体现价值的机会

其次，从HR组织角度看HRBP跟传统HR的区别，如表3-2所示。

表3-2 从组织角度看 HRBP 跟传统 HR 的区别

	传统 HR	HRBP
侵入式	与业务部门属于分离式的，各自相对独立	属于侵入式，与业务融为一体，不分你我
提升型	属于成本控制型，少花钱多办事是第一要求	强调提升效率，帮助业务解决问题，确保业务持续产出
匹配型	工作出发点，基本是从自己出发，有多大能力办多大事	从业务需求出发，根据需求基于问题去匹配资源
目标感	工作对最终的业务结果和影响不易衡量，故而更关注过程和 HR 活动本身	工作对业务影响相关度高，结果导向，关注产出
共创型	OGC（Occupationally-generated Content，职业生产内容），原来公司的 HR 内容由 HR 自己生产并自己输送到业务线	UGC（User-generated Content，用户生产内容），即在导入 HRBP 之后，业务上的 HR 内容从需求到解决方案由业务部门、员工和 HRBP 共创而生
速度感	支持业务部门需要跨部门，走各种流程	不需要跨部门，端对端支持，响应快，速度感强

最后，从 HR 服务角度看 HRBP 跟传统 HR 的区别，如表3-3所示。

表3-3 从服务角度看 HRBP 跟传统 HR 的区别

	传统 HR	HRBP
服务宽度	提供服务都是功能性的、基础性的，像普通的手机	提供服务是多样性、社交性的，像智能手机
服务深度	像公交车，满足大容量的共性服务需求	像出租车，满足个性化的精准服务需求
服务密度	像云端服务器，看不见摸不着，还会有延迟和滞后感	像本地服务器，随时随地,可见可触碰，体验度好

续表

	传统 HR	HRBP
服务敏感度	往往对制度更敏感，更关注制度和流程的合规性	需要对业务端的用户更敏感，随时感知业务一线变化，不仅考虑合规性，更考虑合理性
服务体验度	按照六大模块去服务业务部门，流程交错，接口多，难免出现"踢皮球"现象，体验度不佳	负责"最后一公里"的对接，全权负责，提供的服务与支持既迅速又精准
服务交互性	对一线的渗透能力有限，信息传递通常是单向的，即便有反馈，信息噪点也太大	处在组织神经末梢，下达伸手可及，上传有 HR 专线，交互性强

二、HRBP 的价值

作为三支柱重要的一支——HRBP 是连接人力资源部与业务部门的桥梁。HRBP 的价值与使命，是推动人力资源转变为业务导向，深入业务，帮业务部门解决问题。这就需要 HRBP 能够理解业务，懂得业务部门的需求，在涉及人力资源的问题上能够随时响应业务部门的需求，并给予相应的解决方案，遇到突发事件时，能够及时给予指导甚至是参与其中，帮助解决问题。

（一）HRBP 的使命

比如，当企业处于扩张期的时候，开疆拓土、占领更多的山头是第一要务。此时，HRBP 就要像《亮剑》里的赵刚那样，要能支撑业务部门快速发展，给队伍补充能量，提高战斗力。在和平时期，HRBP 的角色是组织的长治久安、组织进化与自我变革、避免管理层的私有化，需要做的是对组织负责而不是对某个人负责，满足企业稳健发展的需要。

HRBP 需要帮助业务部门设定人力资源方面的工作目标和计划，将业务部门当成自己的内部客户去服务。HRBP 要从人力资源的专业角度为业务部

门提供战略上的支持，因此必须懂业务、懂流程。一个成功的 HRBP 往往具有以下特征：能够从业务部门的运营数据中去发现问题；能通过弹性的解决方案对业务部门施加影响；能真正将业务部门的绩效考核落到实处并从中担当责任；能推动组织的可持续发展，不断为业务部门的发展补充能量。

（二）企业需要什么样的 HRBP

首先，让我们回归到根本的"人才的选拔"。传统的 HR 招聘模式是缺人的时候才招聘，缺什么人才招什么人才。HR 很少主动深入并了解业务，对业务流程和具体的执行都不熟悉，很难理解业务部门到底需要怎样的人才，因此招募到的人才素质参差不齐。而 HRBP 需要懂业务并深入了解业务部门的用人需求，为业务部门高层提供针对性的人才选拔方案以及后续的培养方案和激励方案。

其次，是团队的架构，传统的 HR 更多的是给予行政类的工作支持，每个部门经理都有自己管理的模式与风格。HRBP 的出现改变了过去的团队管理模式，他们要与业务部门泡在一起，深入了解业务，对业务团队人员的结构、配置、考核、激励给予建设性意见，并将各部门管理者联结在一起。

最后，是业绩与人才梯队建设。培训与发展下属的能力是德鲁克先生认为管理者必须具备的八项能力之一。HRBP 是因业务而生的，是为了支持业务部门的，如果不能将培训与业务相结合，真正帮到业务部门，效果必然会大打折扣。许多业务部门的经理都是从业务骨干晋升上来的，业务能力很强，但管理团队的能力往往比较欠缺，所以 HRBP 需要投入大量的时间和精力、甚至是智慧和业务部门领导合作，做好人才培养与人才梯队建设。

（三）HRBP 的基本要求

HRBP 应该帮助业务部门分析人才发展方面的问题，提出解决方案及落实，影响业务作出正确决定，并推动实施，最后形成以知识与技能为依托的组织最佳实践智慧，为组织未来发展提供宝贵的经验和智力支持。

首先，HRBP要熟悉人力资源知识和管理技能，最好具有实践操作经验，能在理论结合实践的前提下，去理解人力资源的各个模块。

其次，HRBP要深入了解业务。各行各业都有着自己的困境和挑战，各位企业家、投资者和业务经理也都有着自己的压力。HRBP要深入了解业务，用心去体会业务发展状况，为组织的业务发展排忧解难。

最后，HRBP更要在建立信任的基础上，成为企业的合作伙伴。咨询行业称其为"合伙人"。合伙人必须有独立思考能力、发现和诊断问题的能力、咨询及给出解决方案的能力。

三、HRBP在企业中的形式

根据HRBP服务对象的规模、职责、人员多元化程度，HRBP在企业有以下三种形式：战略规划HRBP、业务运营HRBP、职能执行HRBP，如表3-4所示。

表3-4 HRBP在企业中的形式分类

项目	战略规划HRBP	业务运营HRBP	职能执行HRBP
服务对象规模	大规模业务单元多个业务单元区	中等规模业务单元2～3个业务单元区	单一业务单元
人员多元化程度	多元化程度高 高职位级别	多元化程度中等 中等职位级别	多元化程度相对较低
服务对象职能	复杂职能集合	2～3种职能集合	单一职能

（一）战略规划 HRBP

这个类型的 HRBP 通常是总监级或者高级经理级别，可以说是最接近 HRBP 终极目标的人，也可以称之为"战略级 HRBP"。他们参与企业的战略规划、组织发展、兼并和整合，与高层领导团队合作紧密。他们通常有着丰富的人力资源管理经验，从事 HR 的时间通常在15年以上，在人力资源各个模块上有丰富的实践经验，对人力资源战略有着自己独特的见解。

（二）业务运营 HRBP

这个级别的职位和人选相对较多，在当前人才市场上比较常见。通常要求工作年限在8年以上，拥有全部或者某一模块人力资源专业领域的知识。他们往往支持一个大的业务单元或者同时负责几个以上小规模的业务单元，一般不组建团队，少部分会配备助理，多是独立工作者。这一类 HRBP 中，大部分是从原来的 BU-HR（Business Unit-HR 事业单位人力资源）转型而来。他们的主要职责分配相对比较平均。

（三）职能执行 HRBP

事务性的 HRBP 目前在国内也比较常见。他们的工作经验相对较少，通常为3~5年，一般支持单个的业务部门，大约有40%的工作是和协调相关，另外还负责一些事务性工作，较少设计战略性的工作。虽然职位也叫 HRBP，但是与 BU-HR 的工作类似，级别类似于人事专员。

反思

1. 对HRBP中的"B"与"P",你是怎么理解的,这为你的工作开展带来哪些启发?

2. 你如何看待传统HR与HRBP之间的差别,在实际运用中应该如何调整?

3. 你的企业需要什么样的HRBP,你目前属于哪种类型的HRBP?

改进措施

1. _____
2. _____
3. _____

第二节 HRBP 的角色与职责

一、HRBP 的角色与职责概述

HR 部门若想创造价值，必须关注成果和贡献，而不是沉湎于日常的专业活动，自娱自乐。要想成为一个好的 HRBP，需要深入业务，理解业务部门的战略目标，从人力资源的角度为他们提供独特的解决方案，这样才能真正发挥和实现 HRBP 的重要作用。所以，认清 HRBP 的定位和职责，是每个人力资源从业者必做的事情之一。

（一）HRBP 的定位

HRBP 的定位是业务伙伴，他们不仅要懂业务，还要深刻理解业务部门的需求，更要整合企业的人力资源，将业务部门的需求转化为人力资源解决方案，确保业务绩效有效达成。HRBP 的定位是"伙伴"不是"伙计"，其时间应该聚焦在战略性、咨询性的工作，应将大多数的事务性工作剥离出去（占比不应该超过20%）。成为一个好的 HRBP，首先就要认清自己的角色定位，帮助员工及业务主管理解 HRBP 的角色定位和职责要求，这样才能保证日后所有的努力走上正确的轨道。

HRBP真正的价值是"业务伙伴",在企业中扮演着战略伙伴的角色,在企业文化和核心价值观传承上承担驱动者的角色,在企业变革时承担推动者的角色,还是员工及部门关系管理者,人力资源解决方案集成者,而不是把大部分精力都放在传统的罚款、打卡考勤等事务性工作上,如图3-1所示。

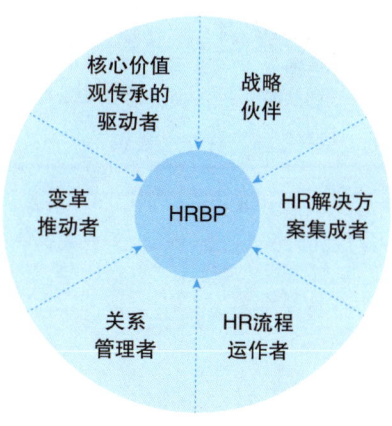

图3-1 某公司的 HRBP 实践图

当前,我们多数企业特别是民营企业,HRBP的角色主要是:战略伙伴、变革的推动者、行政事务专家、员工激励者,如图3-2所示。

图3-2 我国民营企业HRBP角色的基本分类

（二）HRBP的核心职责

围绕着HRBP的工作职责来思考，可以把HRBP的核心职责分为以下八个方面：

1. 业务规划与落地执行

首先，HRBP要根据公司发展战略和人力资源政策，与业务部门协同沟通，帮助业务部门理解公司战略，并帮助制订业务部门的经营规划；其次，根据业务部门的规划，来制订与之配套的人力资源规划；最后，负责推动人力资源规划的执行与落地。

2. 组织变革与落地执行

核心职责是根据业务部门的发展要求，在组织业务发生转变的同时，基于现有组织的人力资源和未来组织业务发展的需要进行整合，并结合新的组织结构，推动相关人力资源规划的实现。

3. 组织文化建设与落地

基于实现企业文化落地的目的，开展所在团队的文化宣传和团队文化建设。

4. 职位设计与岗位配置

帮助业务部门设计职位的数量、制订职位说明书。做到人、岗位、职责和交付绩效的统一。

5. 员工学习与发展

对接组织业务发展所需要的组织能力和个体能力，根据人力资源规划，并在考虑员工自身成长的前提下，搭建业务部门的员工学习体系，比如，员工发展通道的建设、学习方案标准设计、任职资格、培训内容的实施路径等核心工作。

6. 绩效和薪酬

负责业务部门的组织绩效和个人绩效体系设计，并负责它的落地和执行。同时要在符合公司整体的薪酬策略和预算的前提下，细化自身所在业务领域的薪酬体系，完成不同职位的薪酬结构设计。

7. 对管理层的管理

负责所在业务领域的管理层管理及落地，包括管理层的培养、任命和储备等。

8. 业务部变革和推动

要参与到公司层面的变革中来，推动变革在业务部门的落地。

二、战略伙伴（Strategic Partner）

成为企业的战略伙伴是 HRBP 的终极目标。其主要表现为及时调整人力资源的战略，以应对外界变化；培养未来的领导者；确立衡量人力资源效能的重要指标；针对新业务确立人员配备战略并能设计新的组织架构；分析内部人才发展的需求并能厘清各种复杂事务的优先顺序，如表3-5所示。

表3-5　HRBP的战略伙伴角色及关键业务活动

角色	角色描述	关键业务活动
战略伙伴	参与战略规划，理解业务	制订年度人力资源计划；审视并调整组织架构；开展定岗定编；组织诊断

（一）制订年度人力资源计划

1. 思路

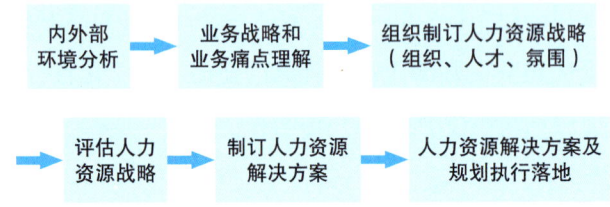

图3-3　制订年度人力资源计划的思路推进图

2. 方法

（1）内外部环境分析：外部政策、经济状况以及行业环境，对每个企业的人力资源规划都有较大的影响。关注客户需求，分析竞争对手和业界标杆，洞察外部人才市场；同时，组织内部人力资源的评估分析也决定了企业来年的人力资源工作该如何开展，发现组织结构、人才构成和企业氛围方面的不足及改善点，提供有价值的人力资源分析。所以，在进行人力资源规划前必须对内外部进行充分的调研和总结评估，找出威胁点和机会点，提前做好应对措施。

（2）战略理解：作为战略规划的核心成员，参与规划，将规划作为"望远镜"，理解中长期业务战略。

（3）组织制订人力资源战略（组织、人才、氛围）：确保从业务战略到人力资源战略紧密连接。

（4）评估人力资源战略。

（5）制订人力资源解决方案：

第一，理解业务需求，准确理解业务诉求和痛点，主动利用组织诊断等工具识别需求和问题，将业务需求转化为人力资源需求。

第二，制订解决方案，采用COE的专业化方法和工具，制订既符合企业核心价值观，又和业务部门的需求相匹配的人力资源解决方案，并与管理团队达成一致。

第三，组织执行落地，将业务部门的主管、COE、SSC等相关人员组织起来，共同制订实施计划，执行落地；及时衡量解决方案的实施效果，根据需要进行优化调整。

第四，总结和回顾，总结固化经验，为COE在制订政策、流程和方案时提供业务部门的相关实践经验，将成功经验融入流程中固化下来。

（6）执行落地，根据业务规划和人力资源战略，制订人力资源年度工作规划，并纳入事业部会议议题，议题通过后跟踪落地。

3. 工具

BLM（业务领先模型）是业界在实践运用中较成功的一个工具，其模型如图3-4所示。

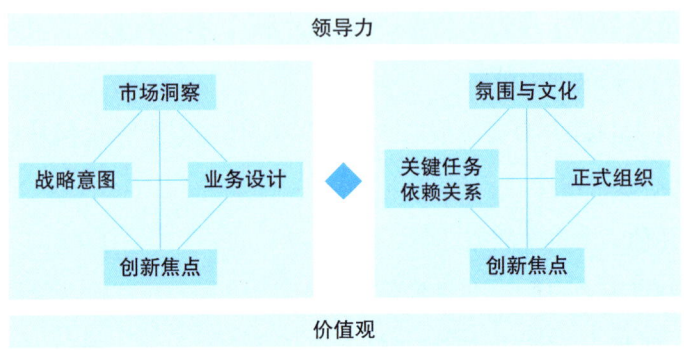

图3-4 BLM业务领先模型

（1）市场洞察：所要洞察的内容，从宏观层面来看，主要包括宏观经济、政治、社会面貌、技术创新情况；从企业经营层面来讲，主要包括客户价值、竞争格局、市场利润分布情况等。此外，对外部环境变化的信息渠道的掌握也很有必要，评估其影响，在此基础上采取相应行动，综合考虑"事实、敏锐、变化、威胁、机会"。

（2）战略意图：综合考虑"远见卓识、英明决策、坚定执行、短期、长期、挑战性"。

（3）创新焦点：包括新增的业务与现有业务如何保持平衡；将现有资源合理地用在新业务开发上；既要创新，又要稳健地确保业务的健康增长。

（4）业务设计：主要包括客户价值增值、盈利能力、生态系统、风险管理、战略制订的落脚点、始于客户的需求、挑战假设以及探索各种多赢的可能性和选择，业务设计充分是关键。

（5）市场结果：包括业绩差距和机会差距等。

（6）关键任务依赖关系：思考哪些任务是由人力资源来完成的，哪些任务可以由价值网中人力资源的合作伙伴完成等。员工和部门间的相互依赖关系是业务设计的基础。

（7）正式组织：建立与组织当前实际发展情况相匹配的组织结构、管理制度和考核标准等一整套体系，以推动关键任务和流程有效执行。

（8）人才：人力资源的特点、能力以及竞争力。要使战略能够被有效执行，员工必须有能力、动力和行动来实施关键任务。

（9）氛围与文化：创造好的工作环境以激励员工完成关键任务，营造积极的氛围，激发员工的主观能动性，激励员工最大化地发挥潜能。

（二）审视并调整组织架构

1. 思路

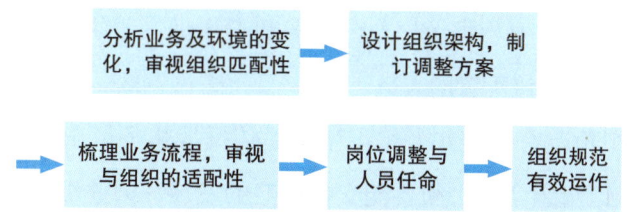

图3-5　审视并调整组织架构的思路推进图

2. 方法

（1）组织结构是公司战略达成的有效支撑，它解决的是任务分工和人员需求的问题。组织架构有一定的稳定性，但又是动态的、发展的。

（2）组织架构图可帮助管理者们确定公司哪些地方需要改变，以促进战略的执行。HRBP的职责就是引导大家在组织架构问题上进行沟通并达成共识，创造和设计最佳组织架构，制订调整方案分析业务及环境的变化，审视组织匹配性，进行岗位调整与人员任命，确保组织规范有效运作梳理业务流程，审视与组织的适配性途径。

（3）分析业务及环境的变化，审视组织匹配性：企业的内外部环境时刻发生着变化，随着环境的变化，原有的组织架构可能不再适用，这时就需要进行调整，让组织架构可以更好地为实现企业的战略目标服务。

（4）设计组织架构，制订调整方案：第一，制订和调整组织架构图，可根据战略的需要进行变动和调整，这个动作还关系到人才需求规划及招聘计划的制订；第二，让组织层级与权力关系清晰化，组织内的层级关系和从属关系一定要清晰明确。层级与权力关系要根据业务模块和流程进行设计。

（5）梳理业务流程，审视与组织的适配性，开展组织分工与授权，根据部门和岗位的设定，以业务流程为主线，梳理出所有工作对应的组织管理授权。

（6）岗位调整与人员任命，根据岗位的职责明确匹配怎样的人，包括级别、任职要求，同时要根据该岗位的任务和工作量，评估一个人的工作饱和状况，确定该岗位应该配置的人数。

（7）组织规范有效运作，组织架构是依据战略分解出来的责任和任务而设立的，所以组织架构必须要能支撑战略的发展，因此组织架构也要有一定的前瞻性和活力，使员工能看到上升的希望。要考虑到实施战略时有相应部门岗位能匹配任务，还要考虑哪些岗位与战略无关或已经失去存在的价值，需要进行合并调整，在此基础上重新设计和调整。

（三）开展定岗定编

1. 思路

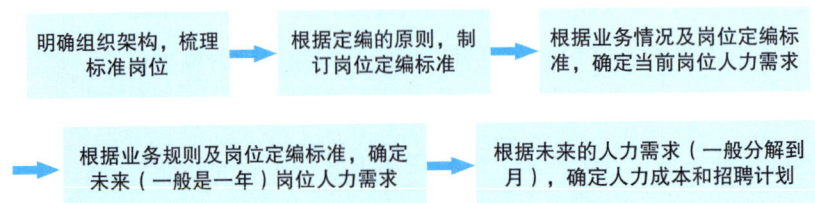

图3-6 开展定编定岗思路推进图

2. 方法

（1）无论是招聘人才还是培养人才，都需要一个过程，只有准确的人力资源需求规划才有利于组织管理部门提前做好人员招聘和培养的准备，在需要的时候能及时地匹配上适用的人才。如果人力资源需求预测错误，少则导致任务无人承担，业务无法按照预期的效果开展；多则浪费人力成本，给企业带来一些负面的影响。所以，组织各部门必须认真分解战略，对现有人员的工作能力进行评估，预测出任务量，在保持人员健康发展的情形下，提出准确清晰的人力资源需求。

（2）通常使用的定编标准有如下几种：第一种，按工作量指标，比如合同数、交易数、项目数、门店数等；第二种，按价值量（市场数据）指标，包括销售额、人均产出、市场占有率、人力成本等；第三种，按行业通常配备比例及服务幅度；第四种，按劳动效率：定编人数 = 计划期生产任务总量 /（员工劳动定额 × 出勤率）；第五种，按组织结构、职责和业务范围分工。

（3）根据定编标准和该岗位业务量的变化情况，制订出月度人员编制变化表。

（四）组织诊断

1. 思路

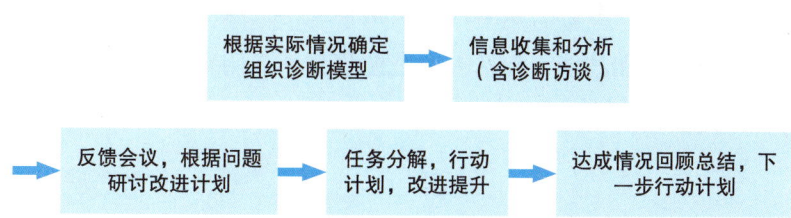

图3-7　开展组织诊断思路推进图

2. 方法

（1）诊断的输入通常采用客观数据（人力资源KPI+调查问卷）+抽样访谈的方式进行。

（2）调查问卷先行，以纸质文件形式，结合各项目组例会开展，以确保员工反馈数据的客观公正性。

（3）根据调查问卷收缩诊断范围，设计访谈问卷。

（4）根据业务情况采取抽样+全覆盖方式，以一对一深度访谈方式进行问题再确认和根因深挖。

（5）根据输入，撰写组织诊断报告：业务问题分析、组织问题分析、管理问题分析。

（6）和相关管理者提前沟通诊断报告的结果。

（7）召开组织诊断试验，由员工自己去找寻问题的根因，拿出改进方案，制订行动计划。

3. 工具

市面上关于组织诊断的工具和模型有很多，各种模型和方法都有自己的视角和特点。我们在进行组织诊断的准备工作中，企业要根据自身的实际情况，分析这些模型的优缺点，并进行合理的取舍。业界比较具有代表性模型的有Six-Box Model；在企业的实践中，四张图（业务、组织、人才、氛围）这种模型和方法也使用较成功。

一个合格的行政专家必须掌握以下基本工作技能：全方位理解传统人力资源各模块的知识和技能，包括人力资源规划、选用育留、薪酬管理、绩效管理、员工关系等，如表3-6所示。

第 3 章 | 战略支持者——HRBP

表3-6 HRBP 的行政专家角色及关键业务活动

角色	角色描述	关键业务活动
行政专家	合理规划人力资源重点工作，有效运作会议与决策组织平台，提升人力资源工作质量与效率；理解业务诉求和痛点，集成 COE 专长，组织制订人力资源 HR 解决方案，将业务需求与人力资源解决方案连接，并实施落地	夯实绩效管理；人才盘点；建立管理者梯队；赋能管理者

三、行政专家（Admin Expert）

（一）夯实绩效管理

1. 思路

图3-8 夯实绩效管理思路推进图

2. 方法

（1）绩效管理内容包括目标制订、绩效辅导、绩效总结及评价、绩效反馈和绩效改进五个主要环节。HRBP 的主要事务可以参考表3-7。

表3-7 绩效管理不同阶段 HRBP 的职责

阶段	部门负责人	员工	HRBP
目标制订	回顾组织战略,分解部门目标;根据岗位职责,明确员工绩效目标(与主管取得一致);与员工就绩效目标、个人发展计划达成一致,制订绩效计划	结合部门目标、岗位职责,明确自己工作重点;与主管就绩效目标、个人发展计划达成一致,制订绩效计划	协助部门管理团队组织战略,解码和目标分解研讨;根据部门管理团队决定,跟踪绩效计划制订进展和质量;提供专业方法、工具和赋能支持;选取重点人群,参与到绩效计划制订沟通中
绩效辅导	针对员工绩效表现,及时进行日常辅导、沟通;对员工进行正式的绩效回顾	日常工作中主动积极寻求主管支持辅导;每月主动总结工作,与主管确认或更新绩效计划	跟踪季度回顾进展和质量;根据员工意见反馈,对主管绩效辅导提出建议;提供专业方法、工具和赋能支持
绩效评价	收集周边意见(包括员工的考评前确认),掌握绩效事实;主动和业务/职能主管(行建议否决权)沟通,取得一致;进行绩效评价,给出等级和排序	及时完成并提交自评总结;就主管可能不清楚的绩效事实主动汇报沟通	解读、有效传递公司政策,对主管进行赋能,保证主管理解到位,提供专业辅导支持;跟踪绩效评价工作进展和质量;收集各部门初评结果,汇总分析,确保质量
绩效反馈	准备:整理员工绩效事实,准备沟通要点,明确员工的成绩和不足 沟通:沟通结果,解释原因,传递期望;总结:记录沟通情况,总结提高 改进:和低绩效员工共同制订绩效目标并定期回顾	回顾周期内重点工作,主动寻找改进点,寻求主管建议;就下一阶段工作方向和重点与主管沟通	跟踪结果沟通进展和质量;协助主管识别并重点关注如低绩效、绩效跳变、特殊情况的员工,提供专业意见,提供专业辅导支持;处理员工的绩效咨询、申诉并调查
绩效改进	总结绩效改进盲点	归纳绩效改进思路和步骤	提炼绩效改进方案并协同执行

（2）确定绩效考评指标体系，一般可分为以下四个步骤：第一，工作分析；第二，理论验证；第三，进行指标调整；第四，进行必要的修改和调整。

（3）绩效考评标准的设计原则如下：第一，定量准确；第二，先进合理；第三，突出特点；第四，简洁扼要。

3. 工具

以企业绩效面谈为例，如表3-8所示。

表3-8　绩效面谈表

员工姓名：	上级领导姓名：	评估期间：
职位：	职位：	谈话日期：
部门：	中心：	年　　月　　日
1. 确认上月绩效评级结果、上月取得的成绩与不足之处：		
2. 上月工作中需要改进的地方：		
3. 员工希望从上级处得到怎样的帮助？		
4. 下阶段工作绩效改进方向及计划：		
5. 员工对本部门绩效管理的建议：		

续表

6. 工作态度、工作能力评估：	
员工签字：	直接上级领导签名：

（二）人才盘点

1. 思路

图3-9　人才盘点思路推进图

2. 方法

（1）人才盘点是对组织结构和人才进行系统管理的一种流程。在此过程中，对组织架构、人员配比、人才绩效、关键岗位的继任计划、关键人才发展、关键岗位的招聘，以及对关键人才的晋升和激励进行深入讨论，制订详细的组织行动计划，确保组织有正确的结构和出色的人才，以落实业务战略，实现可持续成长。

（2）以中心为单位，通过360°评估全员核心能力和素质，结合年度绩效，选拔优秀人员。

（3）按评估结果，完成人才盘点九宫格。

3. 工具

人才九宫格，以GE（美国通用电气公司）的人才九宫格为例，如图3-10所示。

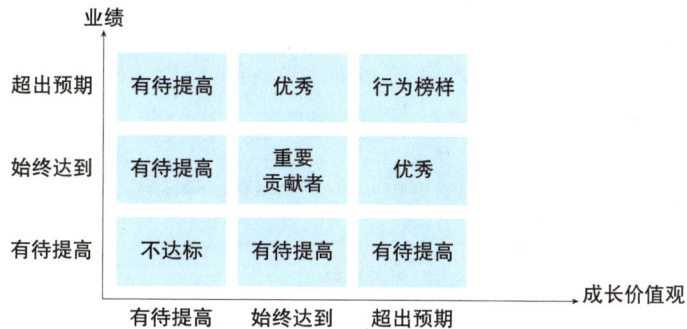

图3-10 GE人才九宫格

(三)建立管理者梯队

1. 思路

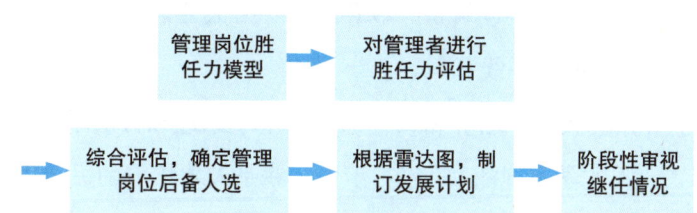

图3-11 建立管理者梯队的思路推进图

2. 方法

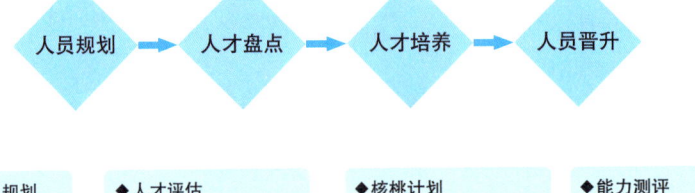

图3-12　管理者梯队建设方法图

（1）梯队盘点的核心逻辑是"业务战略——人才需求——岗位要求——人才梯队"（简称"四点一线"）。

（2）了解并实践人才培养和领导梯队的基本原理和方法：第一，人才发展通道；第二，人才学习地图；第三，工作实践是人才培养的关键手段；第四，综合课堂授课、导师辅导、工作实践进行系统化人才培养。

（3）继任岗位在职者对上一阶段筛选出人员的能力与继任岗位胜任力模型能力要求进行对标、评估，筛选出继任者，主要分为三种后备：Ready-Now，聚焦精准；One-Job-Away，聚焦发展，需要制订未来1~2年的详细、有针对性的发展计划；Two-Job-Away，聚焦潜质，需要制订未来2~3年的职业发展路径。

（4）通过人才发展论坛，最终确认经理级和总监级岗位继任者并制订继任者个人发展计划，包括在岗提升、轮岗锻炼、行动学习、研讨交流等。针对这样的人群，提供发展和锻炼机会。

（5）岗位要求会随着业务发展而变化，在继任者规划中，岗位职责的设定与对人才的能力要求都要从未来2～3年发展的角度进行考量。否则培养的人才永远无法达到岗位的要求。

3. 工具

表3-9　经理胜任度/准备度评估表

被评估人	
被评估人胜任度	
后备人选	
后备人选准备度	
被评估部门：	评估人：

表3-10　在岗/后备人选胜任度评估表

考核要素	考核要素定义	考核标准
工作态度	遵守公司纪律以及各项规章制度，无违规违纪行为	
	工作上积极主动，及时汇报工作完成情况	
	有责任感，勇于承担任务与过失，不推卸责任	
	沟通能力好，服务意识强，对各部门服务周到热情	
	忠于职守，严守岗位，有敬业精神，不损公肥私	
	原则性强，以身作则，起模范作用，与下属保持适当距离	

续表

考核要素	考核要素定义	考核标准
工作能力	工作思路清晰，做事有计划，目标明确，执行与监督到位	
	工作业绩达到预期目标和计划要求，能高效完成本职工作	
	学习能力与应变能力强，专业知识扎实，具有创新思维	
	具有成本意识，控制力强，公司利益为先	
	顾全大局，建立诚信、合作、互助的人际关系	
	具备一定管理技能、表达能力与公关、组织、策划能力	
	处事公平，有威信，具有分析与解决问题的能力	
	工作总结汇报及时、准确、真实	
监督与协调	能与上下级建立双向沟通，上下级之间没有不满或怨言	
	善于上下级交流工作，提高工作技能和心理素质	
	积极培训指导下属，及时解决部门存在的问题	
	妥善安排与处理工作中的失败和临时追加的工作任务	
	善于激发员工工作潜能，提高部门工作士气	
	主动跟各部门沟通解决相关问题，推进本部门工作进展	
	注意进行目标管理，使部门的工作协调进行	
团队建设能力	能够建立并保持一个团结高效的工作集体	
	能够组织部门及时沟通并分享有效的信息资源	
	能激发员工活力，带动员工融入团体并提高归属感	
	能够经常提供关于团队建设性的反馈意见及指导思想	
综述		

备注：

（1）打分标准，每项4分，完全符合+4分，比较符合+3分，基本符合+2分，勉强符合+1分，不符合酌情扣1~4分；

（2）根据考核要素，对测评人的实际工作情况打分，共25项，每项符合最高可得4分，不符合最多可扣4分。本次测评结果：优（100~90分）、良（90~70分）、合格（70~60分）、需改进（60~40分）、差（40~0分）；

（3）禁止敷衍了事、全选某一项考核分或给多人填一样的测评分，否则测评作废，必须逐人逐项打分；

（4）本次测评按两级（上级、下级）考核方法考核，希望大家本着公平、公正的态度填写本次测评表，为公司科学管理及人员调整提供重要的资料。

（四）赋能管理者

1. 思路

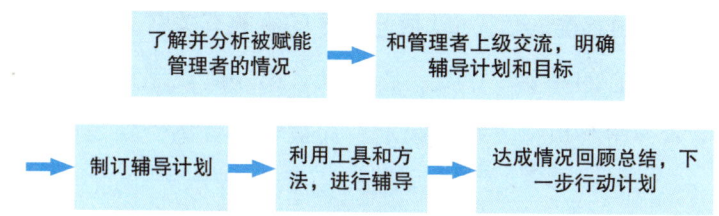

图3-13　赋能管理者思路推进图

2. 方法

（1）借助教练式辅导、90天转身等工具帮助主管（尤其是新任主管）理解和掌握HR政策、流程，提升其人员管理意识和能力。

（2）教练式辅导的价值：人力资源的"杀手锏"，让HRBP的价值得到更大程度的发挥；让HRBP能够与管理者对话，能够在不懂业务的情况下还能解决问题，在管理经验不丰富的情况下还能帮助管理者提升能力。

（3）教练式辅导的招式套路GROW——G(Goals)，制订目标；R(Reality)，了解现状；O(Options)，讨论方案；W(Wrap-up)，确定意愿。

（4）教练式辅导本质：教练式辅导就是"帮助"，其本质是帮助他人学习、成长，主管要做催化剂，而不仅仅教他们如何去做。

（5）教练式辅导的内功心法：五个关键点。关键点一：维护自尊，加强自信；关键点二：仔细聆听，善意回应；关键点三：寻求帮助，鼓励参与；关键点四：分享观点，传情达理；关键点五：给予支持，鼓励承担。

3. 工具

基于 GROW 模型的教练式辅导。

（1）Goals，制订指导的目标：第一，正面描述；第二，可控/不可控；第三，SMART 原则；第四，达成目标的共识。

（2）Reality，了解现状：第一，收集案例和事实；第二，掌握被辅导者对案例和事实的感受；第三，掌握与指导的主题有关联的各种要素；第四，直面被指导者内心的需要；第五，再次确认第一阶段制订的目标或重新调整目标；第六，始终保持支持；第七，让被辅导者感受到是以未来为导向的辅导。

（3）Options，探索解决方案：第一，确认被指导者拥有的各种资源；第二，确定可预见的障碍物；第三，分析被指导者对于辅导的主题具有哪些强项/弱项/风险/机会；第四，帮助被指导者区分有能力改变和不能改变的问题。

（4）Wrap-up，总结与具体行动：第一，行动计划；第二，跟进方案；第三，管理进展和问责；第四，表示支持。

四、员工激励者（Employee Champion）

HRBP 有责任确保员工对公司的投入度，让他们对组织有种难以割舍的情结，愿意为之贡献全部力量。过去，HR 通过满足员工的社交需求来制造这种情结，例如组织野餐、聚会、联合募捐活动等。此外，HRBP 应该通过和管理层的交流，通过制度和解决方案，向员工提供更多的职业发展机会，并提供各种资源以帮助员工达到公司对他们的要求，如表3-11所示。

第3章 | 战略支持者——HRBP

表3-11 HRBP 的员工激励者角色及关键业务活动

角色	角色描述	关键业务活动
员工中的激励者	有效管理员工关系,提升员工敬业度;合法用工,营造和谐的商业环境	敬业度管理;离职管理;员工健康与安全;突发与危机事件处理

(一)敬业度管理

1. 思路

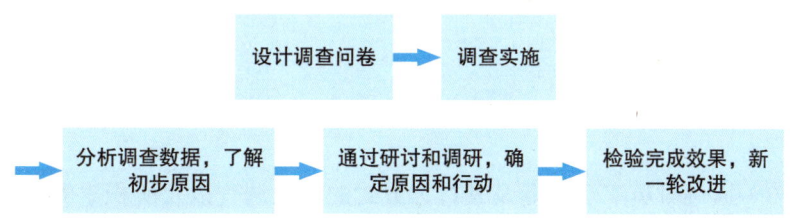

图3-14 敬业度管理思路推进图

2. 方法

(1)员工敬业度是在给员工创造良好的环境,发挥员工优势的基础上,使每个员工产生一种归属感,产生"主人翁责任感",让员工感受到自己是企业的合作伙伴。

(2)员工敬业度反映的是员工对公司投入的智慧、感情和承诺,从公司的视角来看,表现为以下三种方式,如图3-15所示:第一层是乐于宣传(say),员工一如既往地向同事、潜在同事,尤其是向客户(现有客户及潜在客户)盛赞自己所在的组织。第二层是乐意留下(stay),员工强烈希望留在组织之中,对组织有强烈归属感。第三层是全力付出(strive),员工付出额外的努力并致力于那些能够促成经营成功的工作。

图3-15 员工敬业度表现三层次

（3）通过对员工、企业及其行为方式的广泛调查以及所积累的经验穷举出可能影响敬业度的因素，然后进行因子分析，剔除影响不显著或者和其他原因高度相关的间接影响因素，浓缩出7个方面24个主要驱动因素。分别是人员（高层管理人员、管理团队、直接上级、同事、重视员工）、全面回报（薪酬、福利、认可）、政策与操作（公司政策、绩效评估、多样化、沟通）、生活质量（工作/生活平衡）、工作（工作任务、资源、成就感、工作流程、安全、创新）、机遇（职业发展机会、学习与发展）及企业品牌（企业文化、公司声誉、客户导向）。

（4）借助组织气氛评估工具，定期评估员工敬业度水平，识别改进机会，采取改进行动。

（5）改进行动通过HRBP的数据分析，进行管理者和员工访谈，了解问题的原因，召开全员讨论会，制订改进行动计划。

（6）提升员工敬业度的7项原则：敬业度买不到也求不来，是靠公司管理人员每天的活动挣来的；发挥直接上司的最大影响力；着重于提升员工的感性投入；善于管理员工的期望值；在适当的时间用适当的方式测量员工的敬业度；认真对待它，认真，认真，再认真；敬业度不是单独的指标，它是所有人力资源活动的结果。

（7）敬业度调查不是员工满意度调查、群众评议领导、举报箱；而是对组织进行体检、基层工作环境和员工敬业度的KPI、以评测为基础的管理体系。

3. 工具

关于敬业度最重要的12个问题。

（1）我知道对我的工作要求。

（2）我有做好我的工作所需要的材料与设备。

（3）在工作中，我每天都有机会做我最擅长的事。

（4）在过去的7天里，我因工作出色而受到表扬。

（5）我觉得我的主管或同事关心我的个人情况。

（6）工作单位有人鼓励我的发展。

（7）在工作中，我觉得我的意见受到重视。

（8）公司的使命/目标使我觉得我的工作很重要。

（9）我的同事们致力于高质量的工作。

（10）我在工作单位有一个最要好的朋友。

（11）在过去的6个月内，工作单位有人和我谈及我的进步。

（12）过去一年里，我在工作中有机会学习和成长。

（二）离职管理

1. 思路

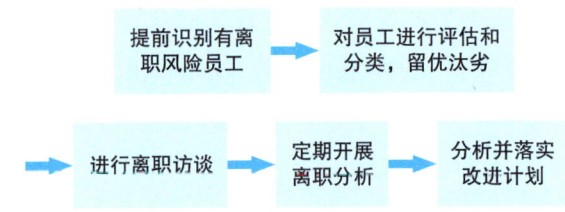

图3-16 离职管理思路推进图

2. 方法

（1）和管理者一起主动识别有离职风险的优秀骨干并提前进行挽留。

（2）对骨干员工的离职给予特别关注，一旦骨干员工离职，势必造成招募成本、时间成本、培训成本、团队环境融合成本、离职补偿成本等方面的支出，甚至还存在商业机密泄露风险，增加竞争对手筹码的现象。

（3）加强离职访谈，离职访谈一般有两个作用，一是做员工保留，二是从中发现企业管理中存在的种种问题。一般以后者为主，因为大多数员工提出离职的时候，都考虑得比较清楚，也找好了下家。通过离职访谈，发现管理问题，针对性改进，是一个有效的改进输入渠道。

（4）离职面谈可以参照以下程序来进行：

第一，面谈准备工作：基于对离职者基本情况了解的前提下，开展准备工作，包括面谈话题、面谈时间、地点和环境、面谈氛围，以让离职者表述自己真实的离职原因。

第二，面谈的过程安排：从让面谈者入座到良好的开场方式（握手、点头、微笑等），简明扼要地阐述面谈流程和目的，简要阐述本次面谈的话题和目的；提问的时候范围尽量要广，让对方可以更充分地表达；尽可能地让对方放下戒备，深入了解情况；要关注对方的情绪变化，站在对方的角度换位思考，过程中要体现出公司对员工的关怀；尊重对方，尽量避免涉及个人隐私的问题；面谈结束后，要感谢对方配合，保持礼貌，并表达对他的祝福。

第三，做好面谈记录：面谈前征求并取得对方同意的前提下，做好面谈记录。倘若当场记录会令对方紧张，就改为面谈结束后再记录。

第四，整理面谈记录、进行分析总结，并将相应的书面报告交相应部门负责人审核且保存资料。总结自己在此次面谈中的得失，改进不足。

（5）离职分析。在做离职分析前，要先挖掘员工离职的原因，必要情况下还可以与其他同事交流，以找出最根本的原因。离职分析报告的主要内容包括：公司人员离职情况的统计表；某段时期内流失率的总数据展示；各部门的流失率，并做一个排名；对流失的各种原因进行分析，并进行归类；统计出流失人员在公司的工作年限分布；分析流失人员的绩效情况、学历情况、年龄情况、职位情况等。

（6）重视离职档案管理。首先，可以建立公司员工电子档案管理系统，便于进行分类管理，关键员工的信息，可以给予至少五年以上的保留优先权。其中，需要归档的信息，包括其家庭情况、工作经历、学习经历、绩效及晋升情况、重要总结等。另外，对于关键员工资料，由于其具有一定的商业价值，可以通过设定权限管理以规避不必要的道德风险。

3. 工具

表3-12 离职访谈表

被访谈人信息	姓名		所在部门		职位		直接上司	
	联系电话		年龄		性别		学历	
	入职时间		最后工作时间		面谈HR姓名		面谈时间	
	面谈地点		离职类型	主动离职 / 不胜任淘汰 / 其他（勾选）				
离职原因自述								
离职探因	主管原因		薪酬原因		家庭原因		健康原因	
	缺乏发展机会		学习深造		工作环境		福利太少	
	工作时间长		得不到认可		不认同同事		不认同文化	
	其他原因							
	补充到离职原因自述里面： 1. 如果员工是因为和直属上级有矛盾，可以追问具体原因和事件 2. 员工对自己工作的评价，是否喜欢自己的工作，是否能从工作中获益良多 3. 对总收入及公司的相关福利满意度，对于公司奖励机制的满意度？希望如何调整 4. 对上班便利性、安全性、办公环境等的满意度							
重点原因确认	上述原因中，哪个因素最重要							
未来工作情况	你未来的打算？将去哪个公司工作？是属于什么行业的							
	你即将去的工作比现在的工作更吸引你的地方在哪里							
	你即将去的公司比现在的工资多吗？多多少（如果是薪酬原因可以问一下）							

续表

对部门的建议	部门做得好的方面有哪些？需要改进的方面有哪些
对公司的建议	公司做得好的方面有哪些？需要改进的方面有哪些
其他	

（三）员工健康与安全

1. 思路

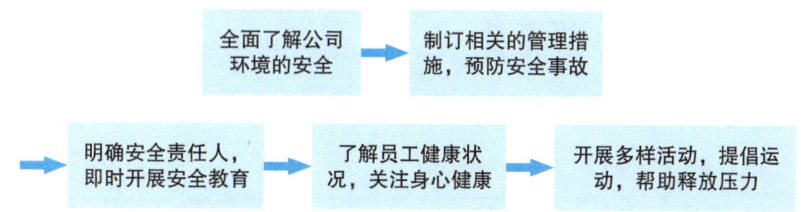

图3-17　员工健康与安全思路推进图

2. 方法

（1）关注员工的安全与健康也是人力资源的工作范畴，健康通常是指除了没有足以妨碍身体正常活动的疾病与伤害外，还涉及心理与情感的问题。安全则指身体能够正常活动的健康，但不涉及心理与情感上的问题。企业必须为员工提供安全、健康的工作环境，防控风险，避免灾害、员工伤亡的发生，以维护员工的身心健康。

（2）将员工的健康与安全纳入HR的工作流程，以预防为主，通过压力测试、爱好协会等活动，引导员工积极正向思维，通过业务主管、HRBP等途径，提前识别风险人群，持续跟进。

（3）建立安全生产责任制：为了确保员工的生命安全，必须进行专门的安全管理并责任到人，确保安全工作的每一个环节都有人负责。

（4）开展阳光心态辅导，了解员工压力或困扰的原因，帮助员工建立正向思维。

（5）了解常见身心疾病的防治知识。

（6）对企业中压力较大的员工进行识别：主要可以从情绪方面（包括紧张、敏感、焦躁不安等），生理方面（比如口干舌燥、异常出汗、精神不济等），以及行为方面（例如抱怨、争执、挑剔、坐立不安、负能量等）进行识别。

（四）突发与危机事件处理

1. 思路

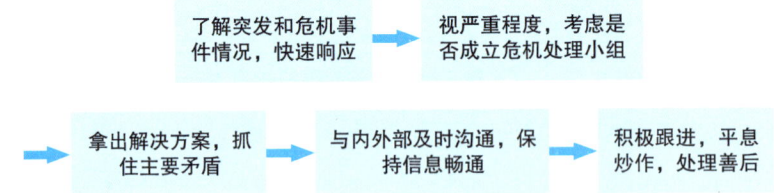

图3-18　突发与危机事件处理思路推进图

2. 方法

（1）快速响应：视严重程度，考虑是否成立危机处理小组，组织制订应急方案，妥善处理。

（2）承担责任：面对危机时最怕的就是引起公众的反感，这最不利于问题的解决。现实中我们会发现消费者不满的主要原因是企业的逃避行为和消极态度。因此，企业在面对危机时要敢于承担责任，在争取公众谅解的情况下，重塑企业形象，重新建立公众的信任。企业应该在第一时间向公众道歉以示诚意。

（3）真诚沟通：及时面向公众阐明具体情况，赢得消费者的理解。这要求决策层要沟通并达成共识，否则很难做到口径统一、步调一致、协作支持并快速行动。

（4）时效第一：企业在处理危机方面，无论是积极的还是消极的做法和立场，媒体都会立即报道。因此，企业在处理危机时反应要快。

（5）系统运作：最好的危机公关就是舍弃自己再拯救自己，暂时损失小的利益，才能最终在长远的未来获取全局的胜利。

（6）权威证实：政府具有最强的公信力，权威媒体引导社会舆论走向，通常，第三方的见证，往往最具有说服力。在危机恢复期，企业要善于让权威机构帮自己说话，通过权威证实获得信誉，为走出危机打好基础。

3. 工具

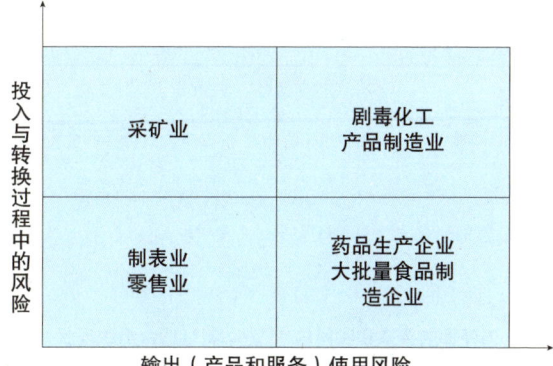

图3-19　操作性风险管理矩阵

五、变革推动者（Change Agent）

HRBP的重要职责之一就是帮助组织应对变革和利用变革。变革项目可能包括建立高效能的团队、缩短创新周期、应用新技术等。HRBP在当中充当推动者的角色，以下的方法可以帮助组织变革在人力资源层面有效落地，如表3-13所示。

表3-13　HRBP的变革推动者角色及关键业务活动

角色	角色描述	关键业务活动
变革推动者	理解变革需求，做好风险识别和利益相关人沟通，促进变革的成功实施	1. 变革方案制订：第一，风险识别：理解变革需求，提前预见和识别变革过程中在组织、人才、氛围方面存在的阻力和风险，提供相应变革方案供团队决策。第二，利益相关人沟通：帮助业务主管做好变革准备，确定变革方案，制订利益相关者沟通计划，积极主动影响变革相关者利益，做好变革沟通 2. 变革实施：负责组织、人才、氛围方面的变革实施，及时发现并解决问题，促进变革成功 3. 评估与固化：评估变革成果，将好的实践融入业务流程和人力资源流程，固化变革成果

1. 思路

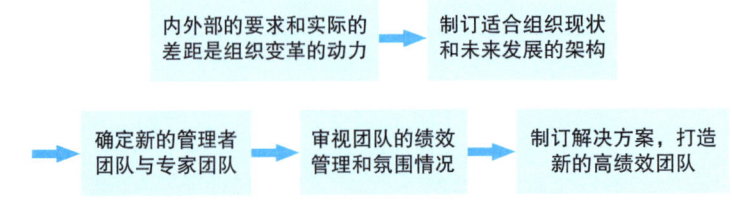

图3-20　变革推动的思路推进图

2. 方法

（1）约翰·科特历经10年，对100多家不同规模、不同国家和不同经营状况的公司所实施的重大变革进行了深入研究，在1995年3月号《哈佛商业评论》英文版上首次发表了名为《领导变革：转型为何失败》的文章。次年，他基于此文扩展而成的专著《领导变革》出版。

（2）科特认为，变革是由若干阶段组成的，试图跳过其中某些阶段只会招致失败；在任何阶段犯下严重错误，都会延缓变革进程，甚至使变革功亏一篑。他将组织变革分成八个阶段：第一阶段，制造足够强烈的紧迫感；第二阶段，建立强大的变革领导团队；第三阶段，树立明确的愿景；第四阶段，广泛地沟通愿景；第五阶段，授权员工，扫除变革障碍；第六阶段，系统地规划并取得短期成效；第七阶段，拒绝松懈，进一步推动变革；第八阶段，把变革固化到组织文化中。

（3）在变革过程中，有两点特别重要：第一，要有意识地向员工说明，新方法、新行为和新态度，对于提高公司业绩起到了怎样的作用；第二，企业要确保继任的管理团队确实能代表新的行为方式，接班人选择不当，可能会让公司十年的变革努力都付之东流。

（4）变革的最终目的就是重新打造高绩效的团队，我们需要紧密围绕高绩效团队的特征开展组织变革工作。

3. 工具

表3-14 组织变革前后 HRBP 开展工作的自检表

序号	任务分类	任务项	完成时间	目前进展
1	组织建设	部门定位、职责、导向、运作关系研讨		
		管理者例会制度建立及运作		
		新上岗管理者沟通与辅导		
		完成基层组织梳理		
		审视跨地域化组织，制订应对策略，定期审视		
		面向全员，发布部门组织手册		
2	干部配备	经理选拔与上岗沟通		
		总监选拔与上岗沟通		
		新组织考评关系梳理		
		完成关键员工信息梳理		
3	业务梳理	战略解码，重点工作研讨，确定各层级部门重点工作		
		梳理各业务内外部运作关系及汇报关系，理顺运作机制		
		与周边部门的沟通和交流		
4	工作对标	KPI 确定与对标 + 月度考评		
5	团队建设	组织变动沟通，宣讲，逐层覆盖		
		组织宣传：部门定位、职责、主管寄语，以及各级主管简介，部门 HRBP 自主宣传		
		面向各层级的员工访谈，重点关注涉及直接主管变动人群的融入和稳定性		
		部门主管与员工沟通会，解答员工困惑		
		针对员工困惑，制订并发布常见问题（FAQ, Frequently Asked Questions）		

续表

序号	任务分类	任务项	完成时间	目前进展
5	团队建设	HRBP 致部门全员的一封信，面向部门全员做 HRBP 的自我介绍		
		部门核心管理团队融洽：通过活动帮助团队加深了解、形成共识、快速融合		
		组织新部门团队活动、民主生活会、部门出游等，增进大家的了解，增强组织凝聚力		
6	上岗转身	新上岗干部 90 天转身		

反思

1. 如果用一句话概括 HRBP 的角色和职责，你首先想到的是什么？

2. 根据本节内容思考，HRBP 的四大角色，对于你工作开展有哪些启示和帮助？

3. 在 HRBP 的每一个角色中，其工作的开展都有不同的侧重点，结合实际工作，你所在企业当前 HRBP 的核心角色与侧重点是什么？

改进措施

1. _____

2. _____

3. _____

第三节　你具备 HRBP 的胜任力吗

一、与业务共舞的 HRBP 胜任力

（一）胜任力模型概述

胜任力模型，是员工为了胜任某项工作、达成目标所需要的一系列能力和素质因素的组合，包括动机、个性、品质、自我形象、知识与技能水平等。

胜任力的概念，可以从四个方面来理解：一是与绩效密切相关，员工胜任力的差别最终会体现在绩效和产出上，研究胜任力，其根本目的也是为了获取高绩效；二是与员工的胜任力表现与工作情境相关，不同岗位，相应的胜任力要求也不同；三是胜任力是很多因素的组合，不仅包括知识和技能等外显部分，还包括价值观、态度、动机隐形部分；四是胜任力是可以测评的、可以被识别、可以分级。

1. 胜任力模型

胜任力模型有很多，最著名的是"冰山模型"，如图3-21所示。冰山模型指的是将员工的胜任力因素分为两个主要部分——即表面的"冰山以上部分"和深藏的"冰山以下部分"。

其中，"冰山以上部分"包括知识、技能等，是很容易了解与测量的部分，

也容易通过培训学习等手段来改善。

而"冰山以下部分"包括自我认知、个性、心态和动机等,它不外显,不容易测量,也难以靠外力去改变,但却对员工的胜任力和工作表现起着关键性的作用。

图3-21 胜任力"冰山模型"示意图

2. 冰山模型的素质层级

企业在进行人才招聘时,不能只考虑应聘者的知识和技能,要结合"冰山以下的部分"综合考虑。如果没有良好的内在动机和品德素养来支撑,员工的能力越强,对企业的负面影响会越大。根据冰山模型,素质可以概括为以下7个层级,如表3-15所示。

表3-15 冰山模型的素质层级

素质层级	定义	内容
技能	指一个人能完成某项工作或任务所具备的能力	如表达能力、组织能力、决策能力、学习能力等
知识	指一个人对某特定领域的了解	如管理知识、财务知识、文学知识等
角色定位	指一个人对职业的预期,即一个人想要做些什么事情	如管理者、专家、教师
价值观	指一个人对事物是非、重要性、必要性等的价值取向	如合作精神、献身精神
自我认知	指一个人对自己的认知和看法	如自信心、乐观精神
品质	指一个人持续而稳定的行为特征	如正直、诚实、责任心
动机	指一个人内在的自然而持续的想法和偏好,驱动、引导和决定个人行动	如成就需求、人际交往需求

（二）HRBP 的胜任力

2015年12月2日,戴维·尤里奇发表了《HR 从保姆到合伙人》演讲。同时,还首发了2016版人力资源胜任力模型。提出了 HR 的九大扮演角色：人力资本管理者、薪酬福利大管家、可信赖的行动派、技术与媒体整合者、数据设计和解读者、合规监控者、战略定位者、文化和变革倡导者以及矛盾疏导者。这个演讲表面上看是要让 HR 成为全能杂家,但实际上戴维·尤里奇最看重的还是"文化和变革倡导者"。其中,以矛盾疏导者为核心,其模型如图3-22所示。

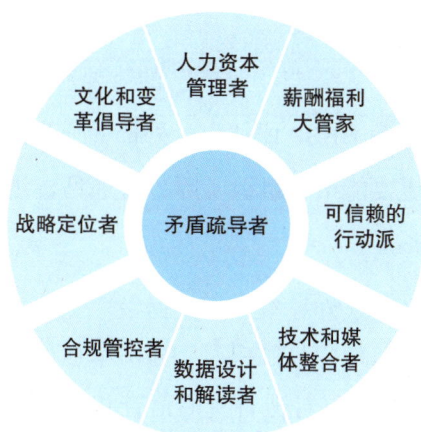

图3-22　戴维·尤里奇2016版人力资源胜任力角色模型

1. 胜任力之矛盾疏导者

人力资源从业者必须能够处理组织中的各种矛盾，疏导相悖的观点，使团队成员达成一致。

人力资源胜任力最新的核心要素变成了"矛盾疏导者"，一语道破人力资源在面对转型和组织架构调整时，将会遇到大量阻力和障碍。HRBP要想在各成员利益冲突、矛盾、需求相悖的情况下，找到并保持自己前进的方向，必须具备处理和疏导各种矛盾的能力。因而，"矛盾疏导者"是HRBP的必备核心竞争力。

样本问题：

（1）有效管理战略决策和运营细节之间的紧张关系；

（2）有效管理内部员工和外部客户与投资者之间的紧张关系；

（3）有效管理耗时收集信息和及时作出决策之间的紧张关系；

（4）有效管理全球策略和当地业务需求之间的紧张关系；

（5）有效管理变化（灵活性、适应性）和稳定的需求（标准化）之间的紧张关系。

2. 胜任力之战略定位者

战略定位者是连接"人"与"业务"的重要胜任力，对于HRBP来说，这一角色主要关注和考察HRBP评估内、外部商业环境的能力。要求HRBP不光要有商业远见，更要能结合组织实际，将远见转化为洞识，参与到战略的布局和决策制订中来。

3. 胜任力之可信赖的行动派

它强调了HRBP的信誉以及行动力。无论是日常事务的执行，还是对组织变革的推动，HRBP都需要打造自身的信誉和影响力，保持工作上的积极高效，以充足的正能量来影响和带动他人。

4. 胜任力之文化和变革倡导者

精准定位企业文化核心；分析并创建和营造适合企业的文化；并据此发动、引领组织及企业文化变革，推动变革顺利发展和进行，要求HRBP能认识到企业文化的价值，并能够用商业化语言表达。

5. 胜任力之人力资本管理者

要求HRBP能够识别适合组织目前及未来业务需求的人才，并提供持续的支持。将对人才的把握与对岗位职能的了解相结合，真正为每一个员工找到最能够发挥其胜任力的职位。

6. 胜任力之薪酬福利大管家

在薪酬福利上，HRBP要思考的不仅仅是常规的薪酬和保险，更重要的是，建立整体思维，从薪酬福利的角度，建立一套行之有效的体系，不断激励员工和团队为企业创造有形和无形的价值。

具体则表现为HRBP在保障员工的薪酬福利有竞争力的同时，还要为员工提供无形的价值，包括向员工展示组织发展前景和工作的价值。工作上的成就感和价值感，比薪酬更能提高员工的归属感和忠诚度。

7. 胜任力之合规管控者

如今的商业环境下，合规变得越来越重要。HRBP需要对合规有更深刻的理解，才能承担起合规管控这一职能，保障组织运营的稳定性、安全性和可持续性。

8. 数据的设计和解读者

大数据越来越受到企业的推崇，因此"数据的设计和解读者"发展成为 HR 中一个独立的模块，包含了识别人力资源有关的数据，管理、处理数据以及为决策解读和运用数据。

在大数据背景下，数据为人力资源决策提供了坚实依据，商业活动对大数据的依赖日趋明显。HRBP 对数据的运用和理解能力，是极具竞争力的一个能力。

9. 技术和媒体整合者

HRBP 要会用技术、工具、社交媒体等，来辅助创造出高绩效组织和团队。通过整合各项技术，加强对内对外的沟通，提高组织的效率。

二、HRBP 提升胜任力的四大门槛

（一）非人力资源专业出身的 HR 胜任力之人力资源专业知识的提升

尽管，业务部门出身的 HRBP，更加容易依靠自身过硬的专业能力，迅速赢得信任和产生影响力，但遇到较为棘手的人力资源专业知识和紧急问题时，也容易出现混乱情况，在工作上容易缺乏系统性。因此，非 HR 专业出身的 HRBP 要注重人力资源专业知识的提升。

（二）专业出身的 HR 胜任力之商业知识的增强

对于业务部门的专业术语 HR 要能听懂，HR 在和业务部门沟通时也要用他们能听懂的语言交流，这样才能赢得业务部门的信任。HR 的专业性越来越强，但是在实践中，我们会发现这种专业性很难发挥实际作用，因为 HR 会把太多的时间花在琢磨工具上，忽略了业务部门的需要，导致不仅无法起到

支持作用，还会滋生一些矛盾。

（三）变革管理能力的培养

很多企业的 HR 无法参与到企业的战略决策中来，这和企业高层是否能够对 HR 授权有关。因此，提升 HR 的变革管理能力，既是人力资源部门面临的挑战，也是企业本身面临的挑战。

（四）将人力资源胜任力转化为管理效能

实践中，有些企业的 HRBP，其胜任力评价较好，但最终的管理结果却不尽人意。其中一个重要原因就是，HRBP 的思维和行为模式没有及时随着能力的提升而转变，对业务的深入了解没有转化为具体的管理行为，如图3-23所示。

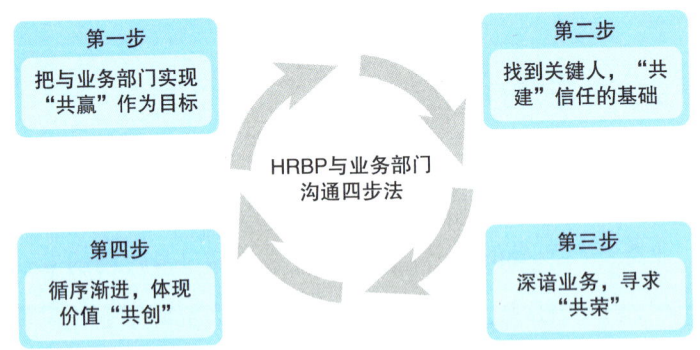

图3-23　HRBP 与业务部门沟通四步法

三、胜任力评估——走向成功的关键

经常听到很多 HR 对自己能否胜任 HRBP 一职表示怀疑，这种职业自信的缺失定会阻碍其能力的提升。

（一）胜任力评估——记分卡"三步"法则

学得再多，最终也要落实到具体的工作执行上进行检查和评估。对初入HRBP及缺乏职业自信者来说，可以运用记分卡"三步"法则进行胜任力评估，如图3-24所示。

图3-24　记分卡"三步"法则

1. 第一步：战略行动转化方案

在转化战略方案时，首先要明白战略的关键结果领域在哪里，弄清楚自己的工作职责。这方面有一个很高的行业标准，就是麦肯锡的"30秒电梯法则"——必须在30秒之内说出我们要做什么、能做什么、为什么这么做。为了进一步说明战略如何转化为行动方案，我们来看一个例子：年底大会上，某公司老板说明年要开一家新工厂，这是战略。真正的实行就需要我们去细化这一战略：公司人员、厂房、机器设备、原材料、运营体系、软硬件知识如何配备，选择谁做供应商，客户群是哪些人等。落实到HRBP肩上，就是认真考虑并细化人才选拔规划和配置、人才盘点及人才库建设等，然后再制订相应的行动方案。

2. 第二步：消除目标达成的障碍

制订方案的过程中，必然会出现很多问题，对这些问题要分类归纳。哪些问题是当下不能解决的、哪些是可以解决的、方案实施中的关键因素有哪些等。仍以上述开新工厂为例，人才评鉴中心如何建设、人才定价方案如何制订、如何制订人才发展通道、非金钱性薪酬如何设计……找到这些问题之后，我们才能解决问题，为达成目标消除障碍。

3. 第三步：确定评估变量

明确"我们是如何界定成功的"。很多人都没有这种概念，甚至包括很多管理人员也不明白。比如业务经理，怎么去界定业务经理是否成功呢？大家都会觉得拿单就是成功，真是这样吗？未必！如果一个业务经理成交了10单业务，其中9单业务可以赢利，另外1单业务由于客户不付款而亏本。针对这种情况，在管理时，我们就要明确界定成功的指标，比如说签单数量指标是5单，每单业务都要能赚钱，能把钱收回来。这样我们就会比较清楚到底这位业务经理成不成功，在哪些方面成功，哪些方面不成功。此外，在制订绩效指标时，指标不能高得离谱，对新进的没有任何销售经验的业务员，就不能用业务经理的指标去要求他，因为他不太可能达到，而总监的标准他就更不可能达到了。诸如此类绩效标准考虑是成败的关键步骤，就是记分卡的第三步也是最为重要的一步。

（二）胜任力评估——大数据思维

表3-16 HRBP胜任力梳理表

	1 入门级	2 专员级	3 管理级	4 领导级
时间精力投放	提供信息、管理数据、流程交付	了解问题、分析问题、评估方案	了解业务实际情况，提供灵活创新方案，风险评估	了解组织和行业状况、客户需求、发展战略与计划
客户服务方向	事实与信息，行政流程支持，答复一般询问	解决问题，提供替代方案与建议	想法、洞察、挑战和解决方案	能够评估战略，运用HR经历去引导组织业务发展

续表

	1 入门级	2 专员级	3 管理级	4 领导级
交付价值评估	服务、准确、有效性、客户满意度、持续改善	问题是否妥善解决,业务信誉	可信赖伙伴,管理者之一	激励性领导,被客户当作发展与绩效改善教练

2012年英国著名学者迈尔·舍恩伯格与肯尼思·库克耶出版了《大数据时代》一书,指出大数据带来的信息风暴正在变革我们的生活、工作和思维,大数据得到了越来越多企业的重视。大数据不同于普通的数据,正如书中所说的:大数据要求人们改变对精确性的苛求,转而追求混杂性;要求人们改变对因果关系的追问,转而追求相关关系。这种思维的转变是革命性的,HRBP倘若不能转变思维,将会面临"数据鸿沟"的挑战。

企业在发展过程中必然会产生大量数据,要对这些数据进行分析,需要技术支持,分为事前、事中和事后三个步骤,如图3-25所示。

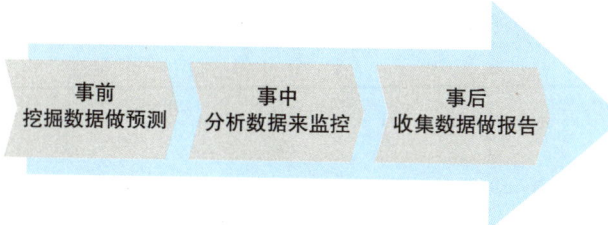

图3-25　HRBP 数据处理三步法

对于人力资源管理来说,互联网时代带来的不仅仅是大数据思维,更多的是大数据对整个人力资源管理未来发展趋势都产生了深远的影响,也对每一个HR从业者提出了挑战。

反思

1.HRBP 胜任力"冰山模型",给你带来了哪些思考和感悟?

2.在戴维·尤里奇先生提出的 HR 的九大扮演角色中,你是如何看待"矛盾疏导者"这一角色,它与其他八大角色之间有什么联系,这对人力资源管理工作开展有哪些启示?

3.HRBP 胜任力提升的四大门槛中,你及你所在的企业面临的最主要是哪一道"门槛",结合胜任力评估工具应该如何改善?

改进措施

1. _____

2. _____

3. _____

第四节　中国企业 HRBP 实施路径

一、国内企业实施 HRBP 的困境

HRBP 的核心理念是为业务部门提供支持和服务，发现业务部门存在的问题，运用人力资源的专业知识和能力给他们提供解决方案，进而提升绩效。

但在实际操作中，HR 却很难参与到业务部门的工作中去，甚至 HRBP 可能成为让业务部门反感的人。如何让 HRBP 成为业务部门的伙伴并得到认同是一个难题。主要存在以下几方面的问题：

（一）HRBP 职能和定位不清楚

实践研究发现，不少公司对于 HRBP 的职责界定、描述不清晰，仅仅设置了这么一个职位。很多 HRBP 不知道自己到底要转变哪些职能，只是换了个职位换了个名字，做的依然是以前的那些工作。他们不懂业务，也不懂业务部门的需要，自然也就无法真正为业务部门提供专业支持。

此外，很多企业对 HRBP 的定位也不清楚，导致多数 HRBP 都不知道以怎样的方式和原则，参与到业务部门的业务中去。经常会看到的是，有些 HRBP 完全站在人力资源的角度，没有与业务部门的实际需要相结合；有些

HRBP 则完全倒向业务部门，一味听从业务部门领导的意见，沦为配角。

（二）HRBP 在组织架构的失衡

需要注意的是，HRBP 的角色并不是单一出现的，它与 HR 三支柱另外两个角色密切相关，不可分离。有共享服务中心的支持，HRBP 才能减少行政性事务的工作，将更多的精力放在服务业务部门上。有了人力资源专家，HRBP 才有后盾，能够提供有针对性的战略咨询和问题解决方案。

但是，实际实施的情况却是，国内不少公司纯粹是为了赶潮流，而设置 HRBP 这一角色，但没有把 HRCOE 和 HRSSC 考虑进去，对人力资源部门整体架构的改革并没有到位。而结果就是，HRBP 要一人担任所有角色，既要投放大量的精力在日常人事管理上，又要花精力去深入业务部门，最后却一项都没有做好。

（三）企业环境不支持

在有些企业中，高层领导者并没有真正认同 HRBP 的价值，没有在公司树立 HRBP 的威信，导致 HRBP 在推行工作时缺乏强有力的后盾，得不到业务部门的支持和配合。而且很多业务经理对人力资源的认知和需求还仅仅停留在人力资源各个模块的传统职能上，对于 HRBP 不信任，也就无法在部门支持其工作，使得 HRBP 无法正常开展工作。

还有些企业在推行 HRBP 时，事前沟通没有做到位，导致员工误认为这是企业对自己的不信任，将 HRBP 安插在他们部门监督他们，打小报告。必然会对 HRBP 产生排斥，无法产生深度的交流与合作。

（四）HRBP 自身素质不够

有些企业 HRBP 推行不成功，是由于 HRBP 自身素质不够。有些 HRBP 可能有很强的 HR 专业素养，但对业务缺乏了解，不能根据业务部门的需要来分析、诊断人才发展方面的问题，不能真正支持业务部门的工作。

另一方面，有些 HRBP 专业程度和影响力不够，无法从 HR 的专业角度发展业务部门存在的问题，并给出合理的解决方案，也就得不到业务部门的信任。

二、国内企业实施 HRBP 的建议

当前，众多企业的人力资源管理普遍面临着转型，未来企业人力资源的职能会发生很大变化，HRBP 的角色会越来越重。但是，HRBP 如何真正落地，如何真正提升 HR 部门的战略价值，使其成为企业的战略伙伴，这是值得众多企业认真思考和解决的。针对我国 HRBP 目前所处的困境，提出以下对策及建议：

（一）定好调子，明确 HRBP 在企业的存在感

不同企业在不同发展阶段对 HRBP 可以有不同理解，但必须有明确的定位，以帮助 HRBP 从业者实现顺利转型。HRBP 既不是业务战略的制订者，也不是业务部门的从属者，它在当中扮演的是一个资源整合的角色，一个支持配合的角色，主要是从人力资源角度整合公司人力资源，为业务部门提供人力资源解决方案。HRBP 和业务部门的关系，是中立的伙伴关系。千万不能一味没原则地服务，要有管理职能和战略眼界。

（二）因地制宜，定制适合企业的 HRBP 模式

HRBP、HRSSC 和 HRCOE 相互支持才能发挥彼此的作用，所以，企业的人力资源架构必须与 HRBP 这一角色相适应。可以根据业务的需要选择合适的模式。为节约资源，也没必要在每个业务部门都设置 HRBP，几个业务部门完全可以共用一个 HRBP。模式也并非一成不变。例如，华为设置的是人力资

源管理委员会、人力资源管理部和人力资源干部三个职能机构，并分工明确。

（三）充分沟通，获得组织环境的支持

在公司决定推行HRBP之前，必须在各部门和全体员工中间做好充分沟通，消除各种潜在障碍。一方面，要获得企业高层的支持，是成功推行新模式最有力的保障。另一方面，设置HRBP这一职位，业务部门负责人受到的影响最大，要做好业务主管的思想工作，改变他们对于HR的传统认知，详细地说明HRBP进入业务部门的目的和对提升他们业绩的好处。

（四）精挑细选，推出合适的HRBP候选人

企业在选择HRBP人选时，要十分清楚这一职位需要怎样的人才，不是所有的HR都能从事这一工作。这一职位要求较强的人力资源专业和关系处理能力。

首先，要有过硬的人力资源专业知识和技能，能够从自己的专业分析业务部门策略带来的影响，以及对于出现的问题提供到位的人力资源解决方案。其次，要有了解业务部门的意愿，有一定的业务思考能力，能够发现业务部门出现的问题，并提出与业务部门决策有关的建议。最后，要有关系处理能力和影响力，能够取得业务部门的信任，以自己的专业影响业务部门做出正确决定并实施。

HRBP自身也应该努力深入业务当中，关注一些业务数据如销售额、利润率、客户反馈等，在对数据的分析中去理解业务和发现问题，积极参与到业务部门的会议和决策中去。

（五）资源保障，财力支撑

HRBP战略运行要有人力资源、资金后盾和技术支持。一些生产制造企业投入人力资源的费用本来就少，人力资源专业人员配备较少，且人员的素

质参差不齐，直接影响了战略的转型升级。一个企业的 HRBP 战略实施不可避免地会涉及管理成本投入。因此，中国本土企业应该因地制宜伺机而动，确保 HRBP 战略模式变革企业发展机遇和持续的竞争优势。

反思

1. 结合本节内容提到的几个"国内企业实施 HRBP 的困境"，哪些也是你的企业目前正面临的？

2. 为了让 HRBP 在企业中真正落地，创造更多价值，需要哪些资源支持，可以采取哪些措施？

3. 你的企业目前是如何挑选 HRBP 候选人的，过程中遇到哪些阻碍和困难，下一步应该如何改善？

改进措施

1. _____
2. _____
3. _____

HRCOE 篇

第4章

如何设计与实施 COE 功能

本章内容
第一节　我们需要什么样的 COE
第二节　COE 的角色定位与职责
第三节　某高科技公司 HRCOE 实施案例

第一节 我们需要什么样的COE

一、HRCOE 简述

人力资源部门要成为企业的战略伙伴，必须把业务部门当成内部客户来服务，为他们提供咨询服务和解决方案。因此，HR 需要同时精通业务情况及人力资源管理的专业知识。在这种情况下，人力资源专家（HRCOE）应运而生。

HRCOE 主要是依靠其强大的专业知识和丰富的实践经验，制订专业、创新的人力资源政策、流程和方案。对于 HRCOE，除了必须掌握过硬的人力资源领域专业知识与技能外，还需具备计划能力、项目管理能力、风险预警能力、危机控制能力、沟通能力和前瞻研究能力等。

（一）HRCOE 与 HRBP、HRSSC 的关系

一般来讲，人力资源三支柱的先后顺序依次是：HRBP、HRSSC、HRCOE。一开始，HRBP 完全能够满足事业部的管理需求，后来 HRBP 发现自己需要更大的数据平台，需要更统一、简化的流程服务，就有了 HRSSC，所以 HRSSC 是人力资源服务的集成者。

但随着业务发展，管理层发现，有一些管理需求必须要有人来负责实施，这样的管理需求在企业中是共性的、重复的、不断循环的对业务部门来说又是项目性的、分阶段的。但要解决这些问题，需要一定的专业度和管理能力。倘若将这些工作集成起来，在某个部门专门设置一个岗位，工作量又是不饱和的，而且信息又不对称、视野相对来说也不够开阔，所以最好是把这样的岗位放在集团总部，大家共用，这样就形成了 HRCOE。由此我们可以看到，HRCOE 相对 HRBP 的任职要求更高、更专业，是资深的 HR 团队。如果说 HRBP 是冲锋陷阵的士兵，HRCOE 则提供有力的炮火支援。

（二）HRCOE 的工作考核

HRCOE 作为企业人力资源领域的专家，一方面是落地集团总部的整体决策建议者，是集团各事业部共同推进项目的牵头人；另一方面，COE 需要全力支持各事业部的工作。COE 的考核指标，分为以下几部分：

第一，从集团层面统一推进的项目进程，比如品牌打造、员工敬业度、忠诚度的培养等；

第二，组织健康性指标，如员工离职率、跨部门沟通、人均产出（人力成本）；

第三，各事业部重点项目的进展情况，并对项目的实施成功和失败作出对应的干预措施，比如继任者计划和领导梯队建设，这个是和 COE 挂钩的；

第四，针对各事业部的一些特殊改进性管理指标，其改进幅度是 COE 直接负责的。比如企业在兼并和收购后的管理团队的稳定性、组织业务扩张进入其他国际区域的人力资源配置方案、集团管控流程的优化等。

三支柱落地实施指南

二、HRCOE 在企业中的地位

（一）企业什么时候需要 HRCOE

一般来说，只有具备以下特点的企业，才需要同时具备 HRCOE、HRBP、HRSSC 这三个职能：集团化公司、多种业务形态并存且发展阶段不同、事业部制且事业部具备独立的管理经营权。由于各业务单元、事业部的经营目标不同，对应的管理手段也不同。

当组织成长到上述阶段，即处于不同发展阶段。不同的事业部进行独立管理和独立核算，在其管理实践以及人力资源服务的实践中，逐渐形成某些可以复制的产品，或是需要为此开发某种公共产品、流程、体系、方案，再或是需要统一的话语系统和行为准则来维系企业文化时，HRCOE 就产生了。因此，不是在总部的人力资源部门或者人力资源管理专家就叫 HRCOE（或者 HRSSC），HRCOE 是若干职能精细化的集合，是融合了组织智慧的结晶体。

（二）HRCOE 是为谁服务

毫无疑问，HRCOE 设置在集团总部，直接向人力资源部最高负责人或企业的决策团队汇报。由于 HRCOE 是重要的政策 + 规划与制度建设部门，故 HRCOE 能够得到决策层的一手信息较多，HRCOE 的负责人往往是人力资源最高负责人的最有力后备。那么问题来了，HRCOE 到底是给谁服务？

其实，HRCOE 的所有管理都是为业务服务的，但业务不在总部（总部本身不产生效益），效益来源于业务部门。但业务部门的管理层本身不需要这样的一群专家来当秘书，这就形成了一个比较微妙的关系。

HRCOE 一方面和事业部负责人共同执行公司的大方向以及事业部的分目标，另一方面要梳理事业部负责人与总部的关系和资源利益分配，同时，还要与事业部负责人共同制订达成目标所需要的解决方案。如果 HRCOE 与事业部负责人掌握的信息不对称，或者 HRCOE 做的事情脱离业务需要，或者

HRCOE 被业务甩在后边,插不进去,这时候业务就缺少了 HRCOE 的把控,管理就有可能跑偏。

综上可以断定,HRCOE 一方面是给决策层服务的,另一方面是给业务部门提供服务和支持的。这就和总部的其他部门一样,他们的直接上级有可能是 CEO、董事会,但通常是人力资源最高负责人,他们的核心客户是业务决策层。为多个人服务当然要比给一个人服务难得多。

(三)HRCOE 的三种类型

HRCOE 在企业中按照其职能的不同可以划分为:行业型、功能型、技术型,如图4-1所示。

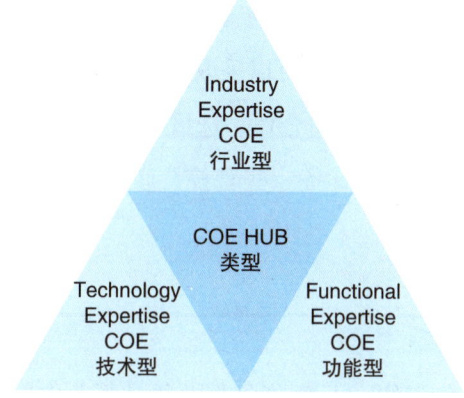

图4-1 HRCOE 的三种类型

三、HRCOE 落地实施路径

企业成功实施 HRCOE,需要注意以下几点:

（一）HRCOE 和 HRBP 形成沟通闭环

人力资源政策对公司的发展，影响可谓深远，作为 HR 三支柱的两个重要角色，HRCOE 和 HRBP 如果沟通不畅，将无法有效地支持业务发展。良好而顺畅的沟通并不断进行关键沟通流程优化，形成闭环。可通过以下几种方式进行沟通协作：

第一种，与 HRBP 共同制订年度计划；第二种，进行方案设计时，将 HRBP 提出的需求作为重要的输入；第三种，在监督方案实施的过程中，负责指导 HRBP 进行推广，对于推广过程中出现的问题要给予指导；第四种，反馈优化方案时，寻求 HRBP 的反馈，从而作为方案改进的重要信息来源。

（二）HRCOE 能力提升

对于大部分中国企业而言，人力资源团队中通才居多，专才不足。要快速提升 HRCOE 的整体素质，企业可以采取这样的方法：从业界招募有丰富经验的 HRCOE、同领先的顾问公司合作、选拔有实际经验的专才加以培养。除了专业技能，HRCOE 还需要具备一些管控、政策、流程、方案及 IT 应用等方面的综合能力。

（三）HRCOE 资源共享

由于 HRCOE 角色定位，不管在企业中还是行业内的专家资源都非常有限，在所有业务部门配备专职 HRCOE 岗位也很难实现。据相关数据显示，目前，全球 77% 的公司仅在总部或事业部设置 HRCOE，而且绝大多数采取的是 HRCOE 资源企业共享模式。这就需要建立透明、高效的汇报机制，才能达到更好的效果。

反思

1. 你是如何理解 HRCOE 这一角色的，你认为它与 HRBP、HRSSC 有哪些区别？

2. 为了更好地为企业提供"炮火支援"，HRCOE 从自我角色认知上，需要突破哪些障碍和束缚？

3. 你的企业目前有配置 HRCOE 吗？如果要配置 HRCOE，需要做哪些准备，过程中有哪些注意要点？

改进措施

1. _____
2. _____
3. _____

第二节 COE 的角色定位与职责

一、HRCOE 的角色与职责概述

HRCOE 在企业中扮演着多重角色。一是设计者：运用专业知识设计业务导向，制订人力资源政策、流程和方案，并持续改进，使其更加有效；二是管控者：管控政策、流程的合规性，控制风险；三是技术专家：为 HR 的其他岗位（人力资源业务伙伴、共享服务中心、业务管理人员）提供专业的技术支持。

另外，对于众多跨国企业来说，HRCOE 还需要针对不同地域的子公司或分公司配置资源，以确保人力资源设计更贴近业务需求。其中，企业全球统一的战略、政策、流程和方案由总部 HRCOE 负责设计。

而地域的 HRCOE 则负责结合地域的特点进行定制化，从而既保证了统一性，又使得不同地域业务具备一定的灵活性。

（一）HRCOE 职责

HRCOE 负责公司人力资源统筹规划、组织能力建设、企业文化建设及人力资源管理中的各项政策、方案的设计等，最终确保公司人力资源能够最大化地利用。其职责可分为以下几个方面：

1. 职责一：制订人力资源战略规划，在公司进行重大人事决策时，提供专业领域的建议和支持

（1）制订公司人力资源战略规划，实施经理级（管理类）岗位（或以上）的梯队建设或关键人才梯队（掌握核心技能的人才）建设。

（2）负责对公司的重大人事决策提供建议或方案；组织收集有关人事招聘、培训、考核、薪酬等方面的信息，并做带有前瞻性的研究分析。

2. 职责二：负责公司人力资源战略的设计与执行监督

（1）制订和执行企业的人事管理制度、薪酬福利制度、人员调转并岗、负责员工手册的制作、规章制度建设等。

（2）组织实施并根据公司的发展规划，提出机构设置和岗位职责设计方案，对公司的组织结构设计提出改进方案，解读并监督各项管理制度的落实和执行情况。

3. 职责三：负责公司对外的形象宣传和公司企业文化建设

（1）负责公司宣传策划及重大活动的策划工作。

（2）组织实施并协助各单位做好公司统一识别系统的宣传工作并监督实施。

（3）负责组织企业文化的建设与宣导。

4. 职责四：参与人力资源开发的各项事务

（1）行为变革管理：通过制订战略、结构、流程和技术变革所产生的对人力资源的影响，制订战略，加速和实现变革的可持续性。

（2）人才发展：通过识别和发展组织内的人力资本制订可以实施的发展战略。

（3）组织设计与开发：创建和提供能够实现客户战略意图所要求的能力和绩效的组织设计。

（4）人力资源功能优化：通过开发领先的交付模型来创建人力资源管理功能，以实施更广泛的人力资本战略。

（5）劳动力优化：以组织劳动力的竞争力分析来优化劳动力管理成本，如效能、能力、链接性和合规等方面。

（6）通过帮助开发战略和运营人力规划解决方案来提供更多的洞见。

（7）技术支持：包括开发信息技术来实现组织业务发展战略和推进路线图，进行业务案例和投资回报率分析，对技术供应商实施的方案进行评估，以及通过使用信息和数据分析来促进业务绩效的提升。

（二）HRCOE 权限

参与公司决策及部门间运营效率评议的权力；对公司或其他部门管理风险点规避方案的建议权；部门规章/标准、运作流程的制订权等。

二、HRCOE 角色——组织设计者

HRCOE 作为企业的设计者，其核心任务是运用专业领域知识设计业务导向，创新人力资源政策、流程和方案，并持续改进，使之更加有效。简单地讲就是：HRCOE 负责企业的顶层设计。

总的来说，企业设计分为商业模式、组织模式、资本模式三个层面。商业模式是顶层设计的原点，任何一个企业，在进行企业转型的时候，首先要确定的，就是通过商业模式设计确定好企业未来的成长路径。唯有如此，企业的战略落地执行才有依据和保障。而组织模式设计则是根据企业战略，确定各个职能部门的定位和工作重点。资本运作模式，指的是通过资本的运作推动企业快速成长和价值倍增。

（一）参与企业商业模式设计

现代管理学之父彼得·德鲁克说过："当今企业之间的竞争，不是产品之间的竞争，而是商业模式之间的竞争。"

当前企业竞争的最高境界，不再是产品的竞争、人才的竞争、营销的竞争、服务的竞争……而是商业模式的竞争，通俗地说就是赢利模式的竞争。有时候往往决定着企业的走向和成败。

1. 商业模式的概念

商业模式就是企业为了价值最大化，设置的为企业利益相关者提供服务的交易结构。它的作用是把企业运行的内外各要素进行整合，形成一个高效的、独特的运行系统，并通过最优实现形式去满足客户需求，以达到持续赢利的目标。

从商业模式的定义中，我们可以看到，其中提到最大化、企业价值、利益相关者、提供服务、交易结构等，这些也是商业模式的关键词。

最大化是指通过商业模式设计实现企业价值最大化，它是连接顾客价值与企业价值的桥梁；企业经营的利益相关者，主要包括供应商、顾客、其他合作伙伴、企业内的部门和员工等。商业模式为这些利益相关方提供了一个将各方交易活动相互联结的纽带。

2. 商业模式的核心

商业模式决定了企业的发展方向和命运。企业一切商业活动的目的是为了赢利，而一个好的商业模式不仅能保证企业的赢利，还要能持续赢利（商业赢利模式），如表4-1所示。

表4-1 商业模式的核心

为谁做	明晰你的目标客户群。忌单纯以年龄、收入水平因素来区分。要结合所提供的产品和服务是哪类消费群体所需要的来区分
做什么	明晰产品线或者服务框架
怎么做	如何让客户知道你的品牌，如何让客户愿意为你的产品或服务买单，即如何让客户和你的产品或服务发生关系

3. 商业模式设计的重点

商业模式的设计必须以客户为中心，其基本思路要由占领市场转向占领客户，以客户为中心，为客户创造价值。商业模式的创新要从客户角度出发，认真考虑顾客的需要，把思考的重点放到为用户创造价值的层面上来。包括：

（1）研究及分析客户需求。对顾客需求的洞察，是企业经营的起点。相对于产品而言，客户期望值更重要，按照客户要求去设计和生产产品是企业提高客户满意度的关键。

（2）顾客收益模式的创新。以顾客价值为基础，是因为顾客价值的商业模式是创新的核心。面对顾客更高层级的需求，企业需要去延伸产品的价值。对创新途径的选择需要依靠企业对市场的充分了解，同时也取决于企业的资源条件。

（3）巩固企业资源能力建设。基于顾客价值的商业模式创新，也需要以企业资源能力建设为基础。通常来说，企业自身资源和条件（企业组织结构建设、管理制度标准的建立、信息系统的建设等）是企业更好地服务顾客的前提。

基于顾客价值的商业模式创新，特别强调信息系统和平台的建设，它为显著改进产品的功能提供了基础。如信息系统中的客户关系管理系统，就可以帮助企业更好地对客户进行分类、与客户互动等。产品平台广泛存在于许多领域，如POS系统和条码识别技术都为零售业更好地服务顾客提供了便利。数字传播技术则为新闻、精神文化产品的整合提供了平台。

（二）企业组织架构设计

企业的组织架构就是一种权力体系以及各部门的分工协作体系。

1. 组织架构设计的目的

组织架构设计的目的是通过对组织人员的合理管理，最大限度地发挥组织效能，更好地配置组织资源，实现组织的战略目标。

组织架构设计成败的关键，在于能否兼顾组织管理的协同性和集中性。企业在成长的不同阶段，需要适时调整企业架构，以适应现实的内外部环境。对于创业企业来说，组织架构的设计基本是一个从无到有的过程，面临的问题会更多、更复杂。

2. 常见的企业架构

企业的组织架构有很多种分类方式，主要有三种形式：职能型组织结构、事业部型组织结构、矩阵型组织结构。

（1）职能型组织结构。职能型组织结构是企业在实践过程中"最简单"的组织形式，总体而言，职能型组织更加侧重于具有统治地位的核心业务。但由于企业业务活动的差异性，特别是产品、市场和客户的差异性越大，其管理优势越难实现，职能型组织结构容易阻碍企业业务的多元化。

（2）事业部型组织结构。事业部型的组织结构侧重于赋予各个事业部更大的自主权，通过清晰的目标界定来进行激励，从而减轻最高管理层的负担，能够清晰地界定各个事业部的职责，并且能够根据各个事业部的特性来调整决策。但是，事业部的自主权越大，对集团公司总体协调的要求越高，以避免产生"上下不一"的倾向。另外，这种组织形式的缺点还包括职能型成本过高，往往会因太过于强调各个事业部的利益而忽视整个集团的利益。

（3）矩阵型组织结构。建立矩阵型组织结构的目的在于解决过度的事业部化而产生的问题，其最大的优点是：能够多角度综合考虑总体利益，提高决策的质量；能避免各部门各自为政；能够公开处理冲突等。矩阵型组织结构也存在一定的问题，这种组织结构容易产生很大的冲突，并难于管理，而且如果产生过多的内部摩擦，则会导致对外部变化的反应迟缓，从而造成组织内部倾向于保守。

3. 企业组织架构设计注意避免的问题

（1）组织架构设计过于细化。对于快速成长中的创业企业来说，组织架构设计过于细化，会导致管理僵化、协调不力、丧失灵活性；组织架构细化，也会导致分工过细，导致企业人员的分工不当、企业编制过大，最终造成人工成本上的浪费；快速成长中的企业应抓住企业成长的关键因素进行组织设计，有所为，有所不为，集中管理资源，强调部门关键领导人的管理能力，这样，企业对高层管理的依赖性会变弱，执行力会得到有效加强。

（2）架构设计过于扁平化，缺乏层次性。企业扁平化能有效提高企业执行效率，但扁平化过度，对处于成长阶段的创业型企业而言，管理基础相对薄弱，会导致管理的集中性不足，使管理者陷入繁杂的事务管理中去。扁平化管理的企业需要协调的事务很多，系统内部的矛盾会导致执行的效率大打折扣。这时就需要适当增加管理的层次，更加有效地集中利用资源，节省精力，提高企业的执行效率。

（3）权、责、利不一致问题。主要包括有权没责、有责没权、权责不对等，而主要原因则在于权、责、利不清晰；另外就是权、责、利划分与实际业务不符；缺乏监督机制。

（4）管理幅度与架构层次问题。管理幅度设置不合理，会造成工作强度不一；架构层次性不强，造成工作权责分布失衡，加大部门经理的工作量；部门整体效率低下。

（5）组织架构设计缺乏均衡性与制衡性。部门中权力、责任、业务量等分布不均，会造成强势或弱势部门，使部门间协调力减弱；也导致部门间、上下级部门间的制衡性差，合作和联动性差。

（6）管理出现重叠与空白。其典型现象是多头指挥。

（三）企业资本运营模式设计

资本运营是指企业在遵循战略规划的基础上，以物化的资本为载体，通过资本在企业内外部的运营流动，使企业资源和生产要素得到优化配置，促使企业创造更大的价值。

1. 资本运营对企业发展的意义

资本运营在企业集团的发展壮大中显示出越来越重要的作用。资本运营有利于企业集团调整产业布局。资本运营特有的对社会资源的配置能力，为企业集团获得更大范围、更多领域的成功提供了有效途径。资本运营有利于提升企业治理水平。企业集团资本运营活动的频繁与管理手段的改进，会推动整个管理的优化，也有利于企业集团尽快实现国际化发展。

2. 国内企业集团资本运营的主要模式

当前国内企业开展资本运营的主要模式有内涵式资本运营和外延式资本运营。

（1）内涵式资本运营模式。指的是企业通过优化内部资本配置、改善资本使用形式，以提高资源利用效率，助力企业现有支柱业务的发展。主要有实业投资、上市融资、内部业务重组等资本运营。其中，实业投资是指面向工、商、农等传统产业的投资；融资是以获取大规模资金为主要任务，为企业近期发展解决资金短缺问题的一种资本运营手段。其形式有股票融资、债券融资、项目融资、产业基金等。内部业务重组：产业结构调整是当前国内企业集团普遍面临的一项重要任务，目的是构建更加高效、合理的产业结构、组织结构，既是夯实内涵基础的需要，也是构筑外延发展平台的需要。

（2）外延式资本运营模式。指的是将企业集团的资源与外部企业进行流动配置，寻找新的发展机会，拓展生存空间。主要手段有：收购兼并、战略联盟、风险投资和金融投资等。收购兼并是企业集团外延式发展最主要的手段。当前国内资本市场收购兼并活动已非常活跃，成为企业集团谋求扩张、消灭竞争对手的重要手段。持股联盟是指两个或两个以上的经济实体为了降低生产总成本、分享收益、研究开发、进入市场等特定的战略目标，以直接或间接的股权关系形成共担风险、共享利益的长期合作。当前这种资本运营方式已较多运用于钢铁行业、新技术产业、金融产业等领域。

3. 资本运营的建议

（1）企业要从战略高度进行资本运营谋划。资本运营不仅是一种商业模式，也是一种战略，它关乎企业的生存与发展和整体战略的实施，必须把资本运营上升到战略的高度上来。

（2）资本运营不仅要注重经济价值，还要注重社会价值和文化价值。实现企业价值最大化是企业资本运营的根本目标，企业在追求经济价值的同时，也应该注重企业的社会价值和文化价值。企业文化的核心是企业的宗旨和使命，企业文化价值是承载员工利益和价值的载体，规范、凝聚、体现并实现员工的利益和价值。企业在追求经济价值的同时，也应该注重企业文化价值的践行。

（3）认清资本运营与生产经营的关系。资本运营既不同于生产经营又与之密切相关。生产经营活动主要是指商品和服务的买卖关系，价值是双向移动的，即买卖双方付出的代价是对等的；而资本运营活动涉及的是债权债务关系和所有权关系，价值是单向移动的。资本运营以生产经营为基础，只有在生产经营发展到一定程度时，资本运营才具有必要性和可行性。

三、HRCOE 角色——组织管控者

中国企业要与国际企业同场竞技，必须要过两道"关"：一是管理规范化；二是员工职业化。完美的管理体系如同人体的"骨架"，一个企业唯有脚踏实地建立完善、规范化的管理体系，才能全面提升企业管理水平，实现快速发展。规范化管理是国内绕不过去的一个坎，也是企业走向辉煌的必经之路！如何使公司各部门思路清晰、方向明确、高效沟通，进而顺利运行，防止出现无组织状况，是中国企业必须要面对的问题。

（一）HRCOE 面临的管控问题

HRCOE 作为企业的管控者，完善企业规范化管理体系建设、提升企业员工整体素质及企业文化建设三大部分，是其首要面对的问题。

1. 通过规范化管理体系建设解决公司主要的管理问题

问题包括：

（1）由于没有制度可依，导致管理上的随意性，管理的公平和公正性得不到保障。

（2）部门、岗位之间的职责划分不清晰导致的相互推诿扯皮。

（3）缺乏文案管理，组织的优秀经验无法得到继承和复制。

（4）目标管理的缺失或者无效管理导致员工无所事事，有时甚至会出现人才无所用的现象。

（5）由于考核机制和激励机制不完善，导致员工工作积极性及工作热情不高。

（6）由于管理不健全导致漏洞太多，造成各种资源浪费。

2. 定期进行员工培训，解决公司发展所面临的人才竞争力的问题

问题诸如：

（1）工作质量得不到保障。

（2）工作效率不高。

（3）不利于公司的形象展示。

（4）无法理解和执行公司管理制度。

（5）缺乏独当一面的骨干人才。

3. 通过企业文化建设提升企业对外形象和增强内部成员的信心和凝聚力

（1）就外部而言，企业接触的对象可能包括政府监管部门、客户、各类合作或潜在合作组织、应聘人员等。企业文化的建设就是要塑造公司与这些对象接触点的相关物质资料，以达到提升企业形象的目的。

（2）就内部而言，企业文化可以对内部人员产生一种环境影响力，如影

响员工工作情绪、自信心、凝聚力、归属感甚至可以产生必要的软压力和软约束力。

（二）打造企业规范化管理体系

企业规范化管理体系主要包含以下几个方面：战略规划、核心流程、组织结构设计、岗位设计、人事管理、绩效考核、激励机制、规章制度等，如表4-2所示。

表4-2 企业规范化管理体系表

战略规划	企业战略陈述、战略决策支持、职能战略规划
核心流程	主要业务流程、辅助职能流程、管理流程、信息流、物流、资金流等
组织结构	组织结构、部门设置、部门职能、职责、内部工作流程、外部协作流程
岗位设计	定岗定编、岗位说明书、岗位职责、权限、任职资格、岗位工作流程、工作条件、工作方法、工作标准、岗位外部协调
人事管理	招聘管理体系、培训管理体系、员工上岗、员工档案管理
绩效考核	考核指标体系与标准、考核主体与方法、考核依据及数据来源
激励机制	薪酬体系、晋升机制、员工福利体系
公司制度	公司核心制度体系，再补充与核心体系配套的其他辅助制度，汇编成公司完整的制度体系

1. 核心流程分析与规范

主要是分析和梳理公司的主要业务流程、辅助流程和管理流程，以及与之相关的物流、资金流、信息流等流程，如图4-2所示。

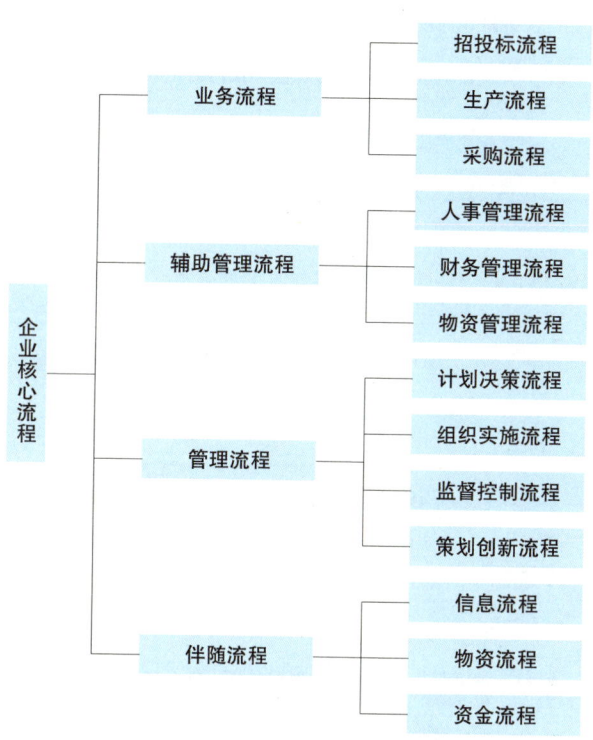

图4-2 企业核心运营流程框架图

2. 岗位设计

岗位设计就是对公司的各类岗位进行分析、设计和描述。它是在组织结构明确后对公司职能和工作的进一步分工，直到分工落实到人，如图4-3所示。

定岗定编	确定公司岗位的总类、数量、每一个岗位的人数
岗位职责	该岗位主要的职责、工作内容、要完成的任务（绩效考核的内容）
岗位权限	履行该岗位职责所需要的权力
任职资格	要胜任该岗位所需要的知识、能力和素质（招聘和培训的依据）
工作条件	开展该岗位工作所需要的设施、物质、关系等工作条件
工作方法	开展该岗位工作的主要流程和使用的主要方法
工作标准	该岗位工作要达到的效果（绩效考核的标准）
外部协调	该岗位与其他岗位或部门有哪些联系、如何联系

图4-3 岗位设置示意图

3. 人事管理办法

包括招聘体系、员工考核体系、员工激励体系以及员工档案管理体系等，如图4-4所示。

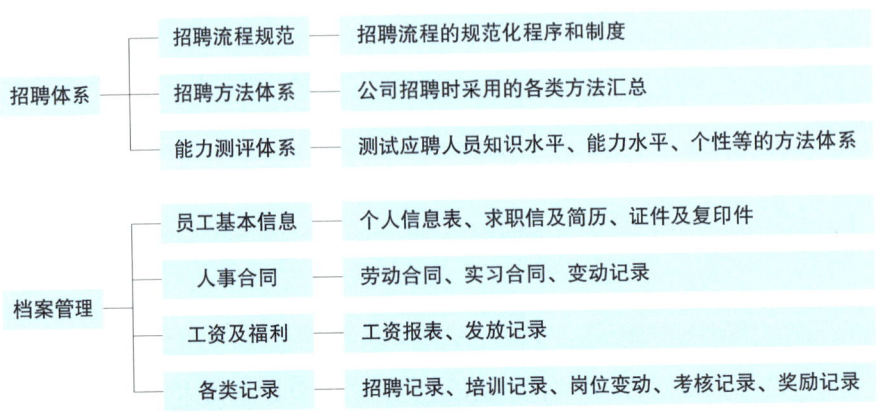

图4-4 人事管理框架图

（1）员工考核体系。绩效考核的内容包括工作成果、工作态度、工作能力三大块。绩效考核规范化的作用是：为员工的薪酬升降、职位晋升、职工培训等提供依据；让员工明确努力方向，实现多劳多得，体现管理的公平性。

（2）员工激励体系。企业的激励机制设计，与企业的绩效考核体系是相匹配的。其主要包括薪酬设计、晋升机制、福利制度、股权激励等，目的是为了增强员工的积极性和主动性，给予员工安全感，使员工产生归属感。

四、HRCOE 角色——技术专家

要做好技术支持，HRCOE 需要具备以下几个方面的能力：

（一）业务方向的理解能力

HRCOE 至少要和事业部的负责人对于业务方向的理解在同一个层面上，对于事业部的需求进行预判和分析，并能完全理解，否则就会被客户（事业部）牵着鼻子走，一手信息变成了事业部翻译的二手信息。

（二）独立的咨询能力和提供多种解决方案的能力

也被称作"生产能力"。不同的事业部，其所处的管理阶段、所用的手段都不同，HRCOE 手里要有足够的方法论和体系，才能根据实际情况作出相应的决策，以柔性的、灵活多样的手段达成统一的目标。

（三）深厚的资源管理能力

资源管理能力又被称作"获取和整合资源的能力"。HRCOE 应该掌握丰富的内部培训资源予以共享，同时应该能够快速、准确抓取外部培训机构提供采购建议；对公司内各种成功案例、数据，公司外部的各种咨询工具和产品了如指掌；应眼观全局，发现高潜人才，并给出灵活、快速的配置方案……

反思

1.HRCOE 在企业中需要扮演哪些角色，这些角色是如何推动企业发展的？

2. 结合 HRCOE 的"组织设计者"角色思考，HRCOE 在商业模式、组织模式和资本模式设计中，有哪些不同的要点，它们对企业发展有哪些影响？

3. 结合你的企业思考，企业目前最需要配置 HRCOE 的主要角色是什么？

改进措施

1. _____
2. _____
3. _____

第三节　某高科技公司 HRCOE 实施案例

一、某高科技公司介绍

某高科技公司，是国内最早致力于无线音视频传输监控技术的一家电子科技产品研发制造商。自成立以来，该公司一直致力于无线传输技术、视频处理技术和智能控制技术领域的研究，拥有各类发明专利、外观专利300余项，主要产品有无线监控产品、专业 MiniDV 产品和军警装备产品三大系列，是一家高新技术企业。

二、某高科技公司 HRCOE 实施背景调研

评价度		存在的主要问题
A 公司战略		· 公司战略发展不是很明确 · 甚至有36%的问卷调查对象认为根本无发展战略 · 企业文化没有显性化
B 组织体系		· 部门与岗位职责不明晰 · 部门间缺乏有效的纵向与横向沟通 · 各项制度、流程需要优化，缺乏对管理效率的监督与监控
C 薪酬管理		· 薪酬与业绩挂钩不够，缺乏竞争性，也缺乏薪酬提升的科学依据 · 薪酬理念、策略不清晰；未向关键岗位/骨干人员倾斜 · 薪酬架构缺乏激励性，无法体现企业的价值导向
D 业绩管理		· 未建立科学、合理的业绩管理体系 · 业绩管理未真正起到提高/改善业绩，提升组织与员工能力的目的

图4-5 某高科技公司 HRCOE 实施背景调研

三、某高科技公司 HRCOE 实施主要内容

迅速建立高效的执行力并实现业绩提升，是某高科技公司当前的战略重点。其 HRCOE 实施主要从战略梳理、组织结构、薪酬管理、业绩管理四个方面进行改革，如图4-6所示。

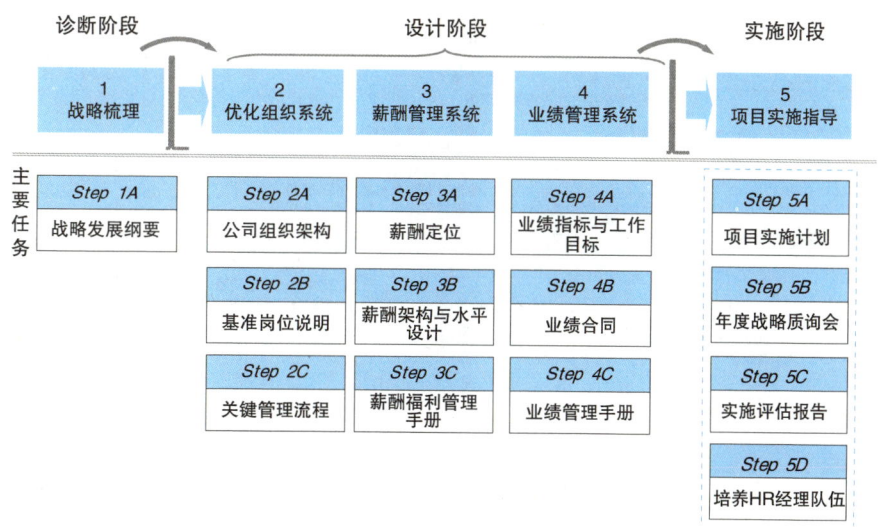

图4-6 某高科技公司 HRCOE 实施过程图

（一）战略梳理

1. 项目计划

了解并确认项目目标、期望值、想要达成的具体成果、时间安排、人员安排等，并在此基础上制订行动计划。

2. 明晰公司的发展战略、商业模式、企业文化

依照企业战略、组织策略以及企业文化建立完善的组织与人力资源管理系统。搜集所有相关资料，包括但不限于组织架构图、职责说明、工作总结、会议纪要、员工意见调查结果、员工手册和管理方案、员工核心能力等；对高中层管理人员进行访谈，以了解业务现状和未来发展方向。

本阶段工作成果将形成项目的基本假设，是项目展开与成功的基础，如图4-7所示。

图4-7 战略梳理过程图

（二）优化组织系统

1. 公司组织架构

一般采取以下四步梳理公司的组织结构，如图4-8所示。第一步，了解各种组织结构及其特性，分析现行组织结构中需改进的问题。第二步，对比基准、战略定位、组织结构的特性等因素，确定可选方案。第三步，评选与优化组织结构方案。第四步，确定组织结构方案，界定组织相关职能。

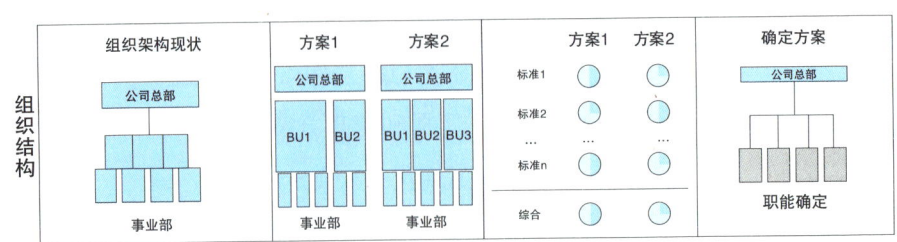

图4-8 组织结构图

根据组织结构，进行部门设计和职能分解，将具体的业务工作、责任、权利明确地归属于各部门，在功能设置上弥补目前组织结构上的缺失，清晰界定部门之间的职责，如表4-3所示。

表4-3 组织结构的部门设计和职能分解

一级职能	二级职能	三级职能
项目投资管理和资本运作管理	经营计划和目标管理	1. 拟定公司年度经营计划和经营目标 2. 调整年度经营计划和经营目标 3. 组织各部门和子公司制订、调整目标 4. 对经营计划完成情况进行定期汇总和总结
	子公司经营监控	1. 对各子公司总体经营业务情况进行分析 2. 针对子公司的经营情况，提出改进意见
	投资方案拟订、筛选	1. 根据公司发展战略，拟订公司投资规划 2. 根据投资战略规划，拟订各阶段实施方案 3. 根据国家政策以及行业研究等渠道，收集投资信息并拟订相关投资方案 4. 负责组织对投资方案进行初步可行性论证、评估 5. 根据项目初审意见，组织专家进行可行性论证，并最终形成可行性分析报告，提出公司的有关投资方案，报公司高层决策
	投资方案实施监控	1. 负责组织投资方案的实施 2. 对投资项目的运作结果进行评价；参与公司投资项目的对外谈判和组织对重大决策的论证和协调实施
	资本运作	1. 拟订公司内部资本运作的方案和实施步骤 2. 拟订公司外部资本运作的方案和实施步骤 3. 根据资本运作方案，报经公司高层、董事会决策后，具体负责方案的实施

2. 基准职位说明书

（1）明确列举必须执行的任务。

（2）指出每项工作的目的或目标。

（3）分析任务并归类相关任务。

（4）简要描述各部分的主要责任。

（5）指出工作频率，可能的情况下，说明占用时间的比率；合并相关行为并加标题以便使用。

表4-4以销售部经理职务说明书为例。

表4-4　销售部经理职务说明书

职务名称	销售部经理	所在部门	销售部	职位定员	1
直接上级	副总经理	直接下级		内销主管、外销主管、信息员、客户管理员、合同管理员	
所辖人数	10	职位类别	管理类	编制日期	2017/1/1
职责概要	负责产品销售、销售管理、信息收集、客户管理、售后服务等工作的开展和完成				
工作内容及职责范围					
计划拟订	1. 根据企业年度经营目标，编制年度、季度、月度销售计划与费用预算，并分解、下达至相关销售区域及责任人				
监督控制	2. 负责指导、监督相关人员对销售计划与费用控制的执行情况，对执行偏差提出相应解决对策				
	3. 负责跟进销售回款，监督销售人员对应收账款的催收工作				
	4. 负责监督售后服务工作的进度与质量，提升客户满意度				
执行落实	5. 负责参与公司营销策略的制订，并在整体营销策略指导下，组织开展销售策略的具体实施工作				
	6. 负责组织开展公司销售合同的签订、履行与管理工作				
	7. 负责销售信息与数据的建立、更新工作，并组织信息的采集分析工作，建立市场信息资料库				
	8. 负责对下级收集的销售信息进行及时核对、汇总，对市场变化、客户要求、竞争对手情况等进行实时统计与分析，提出市场发展建议并形成调研分析报告提供总经办决策参考				
	9. 负责综合管理公司的销售客户，组织建立各级客户信息资料库，维持重要客户的长期合作关系				
	10. 负责公司对外整体形象维护及品牌维护				

续表

执行落实	11. 负责定期或不定期地对部门员工进行销售技能及产品知识培训，提高员工工作效率及业绩
	12. 负责与公司其他部门及业务协作单位就销售业务进行协调及沟通工作，保证工作顺利开展
	13. 完成领导交办的其他工作
工作条件及协作关系	
工作环境	环境整洁舒适、光照充足、通风良好、无污染、不接触有毒有害物质
工作时间	基本按公司统一规定的时间规律上下班，无值班、倒班
工作协作关系	对内：总经办、计划发展部、财务部、物流管理部、人力资源部、供应部、生产技术部；对外：销售客户、外协单
任职资格要求	
教育背景	学历：大专及以上；专业：市场营销、工商管理及相关专业；资格证书：高级营销师职业资格证书或销售经理业务资格证书
工作经验	上岗时需5年及以上销售管理工作经验
知识技能	具有营销、法律、财务、现代管理、物流、心理学等知识
职业能力	市场洞察力、组织协调能力、应变能力、分析能力、决策能力
职业人格	诚信、自信心、责任心、团队协作意识

3. 关键管理流程

为保证各项组织机构职能的有效发挥，将辅助进行关键管理流程的描述，如图4-9所示。

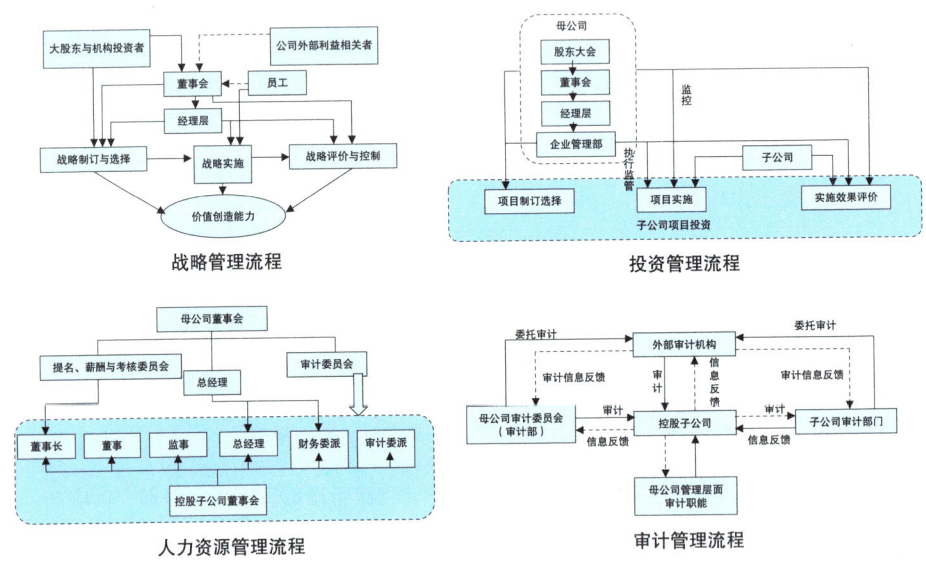

图4-9 关键管理流程图

完善的流程在各个环节均存在合理的接口,如图4-10所示。

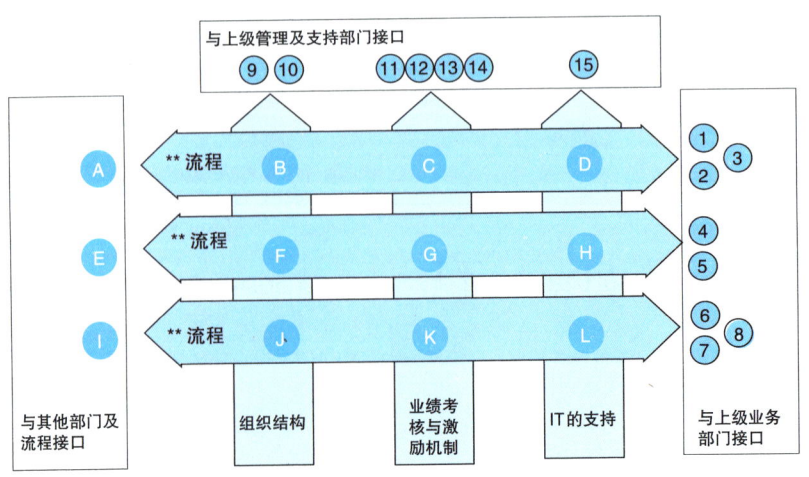

图4-10 各阶段流程及接口图

（三）薪酬管理系统设计

1. 薪酬定位

通过科学的职位评估，生成职位级别矩阵，以此作为薪酬体系的基础。

阶段1，成立评估委员会：确定委员会职责、任职资格和组成人员；审定职位说明书；收集有关资料。

阶段2，熟悉要素及方法：熟悉各评估要素的定义及等级划分；掌握职位评估方法；了解职位评估流程。

阶段3，实施设计：确定各要素权重；形成量表；提交讨论确认。

阶段4，评估指导：外部咨询顾问对评估委员会成员进行指导；评估模型测试；对发现的问题进行调整。

阶段5，实施评估：职位与评估要素配比；评估委员会成员分别对各职位进行评价；汇总评估委员会成员的评价结果。

阶段6，评估结果调整与审批；对评估结果进行数据转换；形成公司职位排序；由外部咨询顾问对结果进行校审；提交总经理审批。

2. 薪酬结构与水平设计

利用独有优势资源，即庞大的企业薪酬市场数据，根据公司的实际情况，形成公司薪酬结构和薪酬水平。

根据前期确定的职位级别矩阵，结合考虑公司薪资理念、内部等级或宽带结构、每个等级和职位的员工数、实际薪酬数据、预计薪酬增长率、市场薪酬数据、固定薪酬及浮动薪酬等因素，以市场化回归后数据作为基础，建立符合市场薪资水平及变化趋势的薪酬等级序列。以期既能保证公司薪资水平的对外竞争性，又能满足公司实际支付能力。

按照以下薪酬架构与水平作业流程，并兼顾内部公平与外部竞争性的薪酬原则完成某高科技公司的薪酬设计，如图4-11所示。

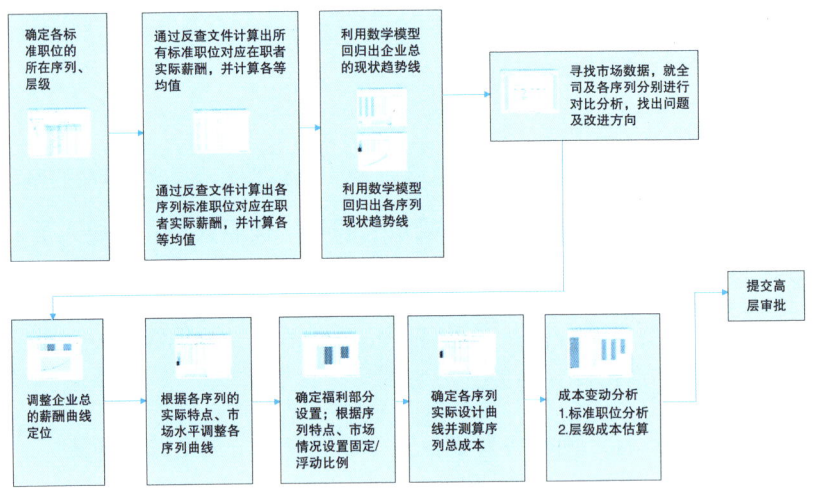

图4-11　某高科技公司的薪酬设计图

根据准确的薪酬市场分析与定位，形成某高科技公司应采取的薪酬战略，如图4-12所示。

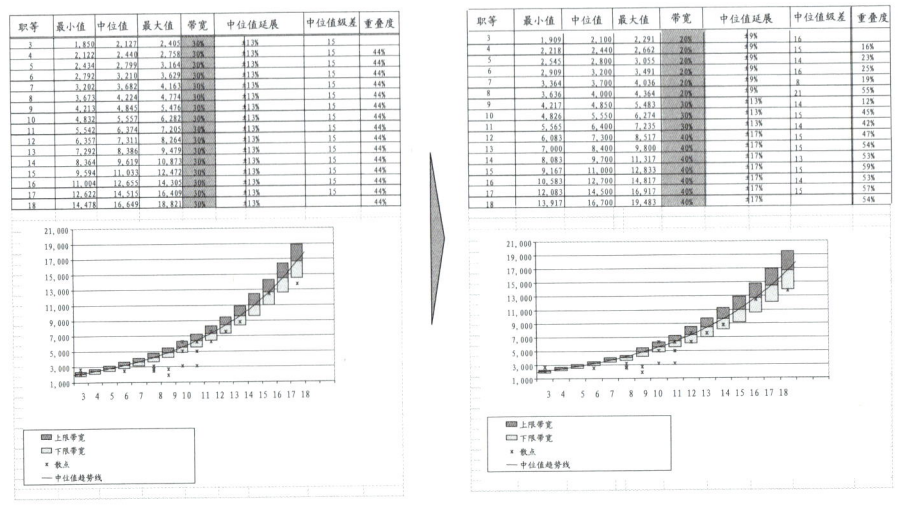

图4-12　某高科技公司的薪酬战略

（1）该行业整体薪酬状况分析。

（2）行业之间薪酬对比分析。

（3）该行业重点职能序列市场薪酬水平分析。

（4）该行业重点职能序列薪酬结构分析。

（5）该行业基准职位市场薪酬数据分析。

（6）该行业基准职位薪酬频数分析。

3. 薪酬管理手册

结合薪酬定位、薪酬结构与水平设计情况，为公司编制薪酬管理手册。该手册将包括总则、设计原则、薪酬管理系统的设计流程、固定薪酬设计及分析、月薪体系说明、月薪体系调整、业绩奖金体系、业务提成的处理、薪酬维护及沟通等内容。薪酬管理手册，作为纲领性文件为某高科技公司薪酬管理提供全面的准则和依据，如图4-13所示。

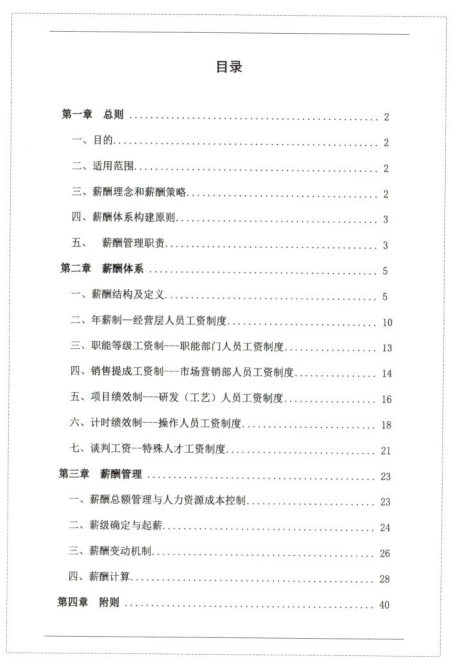

图4-13 某高科技公司企业规划的薪酬管理手册图

在薪酬管理手册中，设计建立、修改薪酬管理系统的相关流程，如图4-14所示。

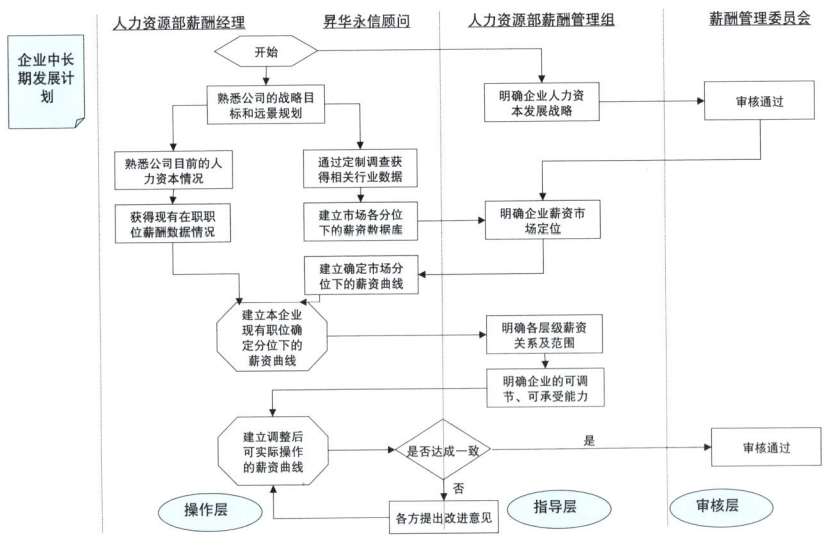

图4-14　薪酬管理系统流程图

（四）业绩管理系统

1.业绩指标与工作目标

关键业绩指标（KPI）是对工作效果最直接的衡量方式，由主管和员工共同商议确定员工在考核期内应完成的主要成果指标，考核期结束由主管领导根据所设定的目标打分，如表4-5所示。

表4-5　关键业绩指标与工作目标设定的比较

	关键业务指标	工作目标设定
相同点	针对目标职位的工作职责与工作性质设定 由公司战略目标分解得出 反映关键经营活动的成果，而非全部工作过程 由主管经理设定，并经员工认同	
不同点	由客观计算公式得出 侧重考察考核期业绩 侧重考察最终成果 侧重考察对经营成果有直接控制的工作	由主管经理评分得出 可以考察长期性工作 可以考察工作的过程 可以考察对经营成果无直接控制的工作

业绩管理指标体系的实施和分解要从公司的战略开始层层分解，将公司的整体业绩指标落实到每个员工身上，而所有员工的业绩指标联合起来又能促成公司总的战略目标实现，如图4-15所示。

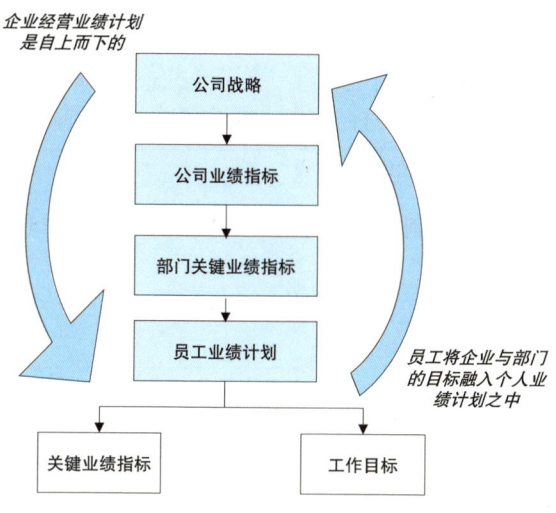

图4-15　业绩管理指标体系图

运用价值驱动因素法设计业绩指标体系的流程：

（1）收集事实数据准备分析：准确地掌握企业的各项经营数据；对整个行业的标杆数据进行整理和分类。

（2）确定关键的价值驱动因素：通过定性及定量分析找出价值驱动因素与公司业绩表现的联系，确定主要的公司价值驱动因素；分析可控和不可控因素对企业业绩的影响；进一步分析价值驱动因素对业绩衡量指标的影响。

（3）业绩衡量指标分解：采用合适的方法和流程去分解；明晰责权分工，确定各部门承担的业绩指标；运用确定的指标分解方法，将企业业绩衡量指标分解到各部门；评估各HR职能对业绩衡量指标体系的支持程度，并确定所需的资源。

（4）指标有效性模拟情景分析：权衡量化的与非量化的业绩指标的配合；模拟不同的经营环境下，分析选定的业绩指标对企业业绩的影响程度；审核业绩指标与其他管理指标的一致性。

（5）业绩衡量体系的建立及应用：设计业绩衡量管理体系；确定业绩目标的设定原则和分解方法；为实现目标实施培训和沟通。

2. 业绩合同

业绩合同是业绩管理的一种方式，通过契约的形式，对考核期内的工作业绩进行考核和奖惩而订立的协议。

业绩合同的实施经过制订、评议和年度评估三个主要过程，如图4-16所示。

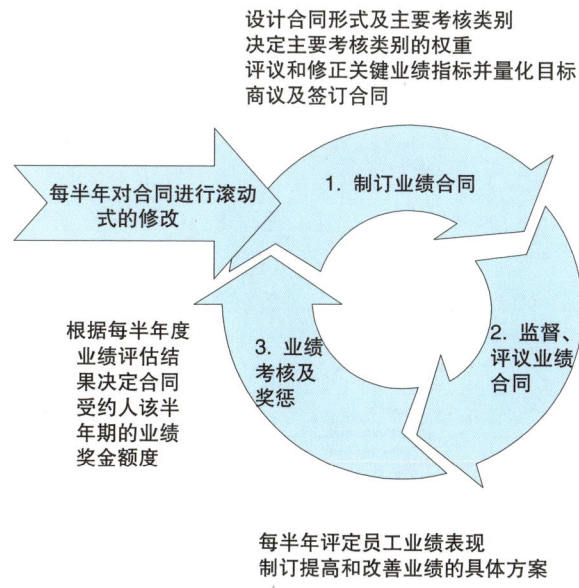

图4-16　业绩合同的实施过程

3. 业绩管理手册

通过业绩管理手册明确公司业绩管理的组织形式、业绩评估与定期回顾的具体实施要求，界定关键业绩指标与工作目标设定的职责分配，设计确定、修改及增加关键业绩指标的流程，设计业绩合同制订流程，并形成业绩奖金发放建议。业绩管理手册将界定业绩管理的组织、流程及具体形态。图4-17是某高科技公司设计的业绩管理手册。

目 录

第一章 总则 …… 3
1. 1绩效管理意义 …… 3
1. 2绩效管理原则 …… 3
1. 3绩效管理周期 …… 4
1. 4绩效管理委员会 …… 4
1. 5绩效管理工作小组 …… 5
1. 6绩效考核责任人 …… 6
1. 7考核对象 …… 6
适用范围 …… 10
第二章 绩效管理内容 …… 11
2. 1绩效管理体系综述 …… 11
2. 2职责绩效考核 …… 12
2. 3工作任务考核 …… 15
2. 4能力态度考核 …… 15
第三章 绩效管理实施 …… 17
3. 1绩效管理人培训 …… 17
3. 2绩效管理实施 …… 17
3. 2. 1月度绩效管理工作实施 …… 18
3. 2. 2季度绩效管理工作实施 …… 19
3. 2. 3年度绩效管理工作实施 …… 21
3. 3 绩效面谈 …… 22
3. 4 绩效管理偏差的避免 …… 23
第四章 例外考核 …… 24
第五章 绩效管理结果运用 …… 24
5. 1绩效管理结果 …… 24
5. 2绩效工资发放 …… 25

图4-17 某高科技公司的业绩管理手册

（五）项目实施指导

表4-6是项目实施指导的工作内容概述。

表4-6 项目实施指导的工作内容概述

主要活动	制订推动实施指导计划；协助召开实施启动会；顾问方案说明宣传；辅助推动实施；过程辅导；顾问方案的进一步完善；外部评估；实施完成提交监察报告
跟踪服务	跟踪实施效果；定期回访；相关培训跟进
实施目标	使方案对业绩提升产生价值；在设计与实施阶段，对公司相关职业经理进行管理理念、方法及技能的提高

某高科技公司在实施上述方案的过程中也必定会遇到一定的阻力,如图4-18所示。

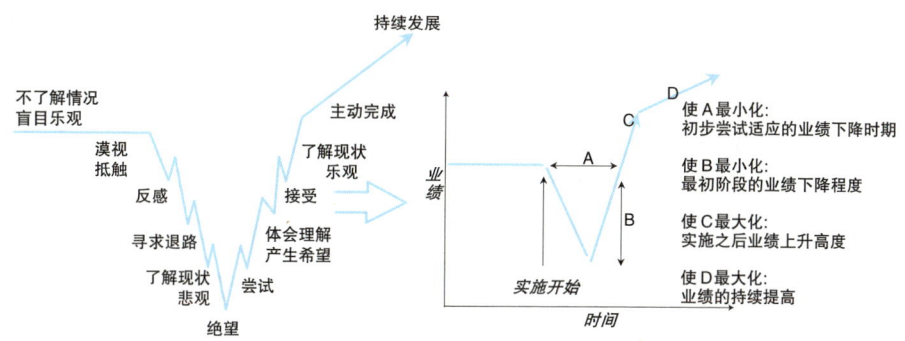

图4-18 某高科技公司项目实施过程图

表4-7是某高科技公司项目实施计划表。

表4-7 某高科技公司项目实施计划表

项目实施阶段和范围		预计实施天数	顾问人员	30 M	31 Tu	1 W	2 Th	3 F	6 M	7 Tu	8 W	9 Th	10 F	13 M	14 Tu	15 W	16 Th	17 F
1	**项目实施启动会** 明确实施的组织机构、项目实施成员及职责 与公司管理层召开正式项目启动会议 了解高管对项目实施方案的反馈意见及下一步工作期望 提交并确定项目实施计划,界定实施范围及实施重点 确定项目实施成功的关键要素	1天	PH SS FM CZ	■														
2	**组织调整方案实施** 审阅前期提供的所有书面文件 与关键的高层管理人员面面谈 了解实施层面对的情况分析和理想境界 对可能性进行分析和评估 切实根据公司的意见对组织方案进一步完善 确认并提交组织调整方案	3天	PH FM		■	■	■											
3	**薪酬管理系统实施与完善** 对薪酬管理报告进行说明 培训人事部门人员如何实施 实施过程中进行薪酬测算 确认并提交薪酬管理方案	3天	SS FM CZ						■	■	■							
4	**实施指导、修订福利计划** 向项目小组提供修订结果 作出相应调整 向指导委员会汇报 确认并提交福委员福利计划	1天																■

续表

项目实施阶段和范围	预计实施天数	顾问人员	30 M	31 Tu	1 W	2 Th	3 F	6 M	7 Tu	8 W	9 Th	10 F	13 M	14 Tu	15 W	16 Th	17 F
5 业绩管理体系实施	5天																
审核前期设计的业绩管理初步程序		SS															
测试有关建议是否适合组织文化和结构		FM															
在实施中培训使用关键业绩指标词典		CZ															
关于设立工作目标的培训																	
关于持续的反馈和指导程序培训																	
审核业绩管理体系实施效果与评估结果																	
修订业绩指导手册																	
确认并提交业绩管理整体报告																	
6 实施效果评估	3天																
对照实施计划审核完成情况		SS															
听取公司指导委员会对实施意见的反馈		FM															
提交实施效果评估报告		CZ															

反思

1. 案例中某高科技企业 HRCOE 的实施,带给你最大的启发是什么,这对你以后开展工作会带来哪些影响和帮助?

2. HRCOE 的实施,是一个系统化的工程,在其实施的流程中,都有哪些关键节点和流程?

3. 你觉得某高科技企业在 HRCOE 实施上,还有哪些值得改进和提升的地方,其操作的要点和难点是什么?

改进措施

1. _____
2. _____
3. _____

HRSSC 篇

第5章

如何设计与实施 SSC 的功能

本章内容
第一节　HRSSC 结构与运行
第二节　HRSSC 的角色与职责
第三节　某大型集团公司 HRSSC 实施案例

三支柱落地实施指南

第一节 HRSSC 结构与运行

一、HRSSC 简述

人力资源共享服务中心（HRSSC）是指企业将所有组织中与人力资源管理有关的行政事务性工作（包括员工招聘、出勤管理、薪酬福利核算与发放、社保、人事档案管理、劳动合同管理、新员工培训、员工投诉处理等）集中统一起来，成立一个服务中心。并通过人力资源共享服务中心的建立，提高企业人力资源的运营效率，更好地为各部门和员工服务。

（一）HRSSC 的特点

作为战略性业务结构的一部分，共享服务中心以客户服务和持续改进的思想为指导方针，实现价值导向的服务，促使组织在更大范围内能够集中精力发展核心业务，从而使自己通过一体化的服务创造更多的附加价值。

美国福特公司是最早使用共享服务中心模式的企业，早在20世纪80年代初，其财务服务共享中心就在欧洲成立。杜邦和通用电气也在不久之后建立了类似的机构。20世纪90年代初期，惠普、道尔和IBM也相继做出这样的决定。国内企业如海尔集团、新奥集团、中国网通等也正在运营共享服务中心管理模式。很多企业通过外挂小程序，使得共享服务中心更加人性化，如腾讯的 SDC（人力资源共享交付中心）等。

（二）HRSSC 与 HRBP、HRCOE 的关系

当企业组织规模比较小的时候，HR 担负着从战略性工作、咨询类工作到事务性工作等多重职责，涵盖培训、薪酬、招聘、绩效等模块，总部在业务层面层层复制，这种传统模式被称为"混合模式"。

当组织的规模扩大，管理复杂到一定程度时，HR 就会出现分工细化的趋势。由混合角色细分成三种角色：HRBP、HRCOE 和 HRSSC。前两类角色都在做战略性、增值性的工作，为中高层管理者提供支持和服务。而满足员工需求的那些事务性工作相对标准化，所以存在通过流程化、自动化、远程处理，实现规模经济的机会，这就是 HRSSC。其主要职责是围绕员工需求，提供人力资源相关服务工作。

共享服务中心的出现让 HRBP 和 HRCOE 得以从事务性工作中解脱出来，将主要时间和精力放在增值性工作上，真正实现战略伙伴的定位。

二、HRSSC 组织结构及运作架构

（一）组织结构

作为组织战略的贡献者，帮助企业提高绩效是其人力资源管理运作的主要目的。通过不断优化和拓展人力资本，确保组织人力资源管理的有效性。基于更有效地节约人力成本、信息共享、提高运作效率的目的，目前，不少跨国大公司逐渐在企业内部实施人力资源共享服务中心。

如果从用户导向来分，主要有两类人力资源共享服务中心：一是大型组织建立的共享服务中心，这些共享服务中心在为企业内部提供人力资源服务的同时，还面向外部客户，提供专业的外包服务，例如英国的 BAE 系统公司。

二是只向内部提供人力资源服务。这些公司包括SAP、IBM、惠普、飞利浦、西门子、福特、宝洁、汉高、摩托罗拉、爱立信等。我们主要来分析第二种人力资源共享服务。

随着公司贸易范围不断扩大，诸多跨国公司开始使用扁平化的组织结构图，对于企业来说，共享服务无疑是一种全新的资源组织方式。以一个跨国公司的人力资源部门为例，其全球HRSSC部门组织结构图，如图5-1所示。

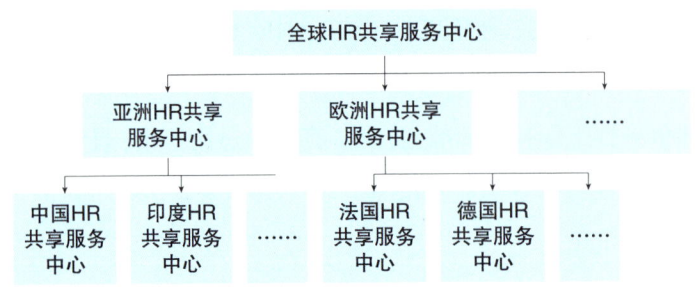

图5-1　全球HRSSC组织结构图

跨国企业实施HRSSC按地域可作如下划分：全球中心、区域中心、国家中心。为了降低成本和提高服务质量，人力资源共享服务的实施已经跨越了诸多不同性质的行业，并且被普遍认为是大型跨国企业人力资源管理的主要模式。

（二）运作架构

对于HRSSC的运作，如同经营一家独立的公司。因为，在公司内部，它是一个独立的运营体。按照HR三支柱的理论，人力资源部门与传统意义上的成本中心已经有所不同，虽然它不能直接为企业创造利润，但做到收支平衡是最起码的要求。通过用收益和损益来评估运营的财务结果,为公司节省财务成本。

这一管理模式将市场化的机制引入企业内部管理中来,所提供的服务更有章可循且更专业。它与其他部门是平等的关系,HRSSC要对自己提供的服务负责,即HRSSC与外部外包商是竞争关系。

大型企业通常在一个区域或国家内都有不同的分部。基于此,其共享服务中心,就必须要有与之相匹配的人力资源业务伙伴,来协调人力资源共享服务中心与各业务部门之间的工作,这样,相对应的又有以下人力资源运作管理的结构,如图5-2所示。

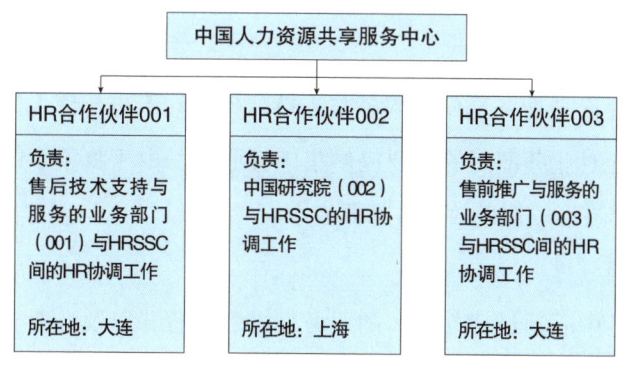

图5-2 HRSSC的人力资源管理结构(以某跨国软件公司为例)

传统意义上的人力资源管理架构,从组织结构模式来看,主要是按职能(包括招聘、学习发展、薪资福利和员工关系等模块)划分的。而HRSSC的管理模式主要由HRSSC、HRCOE、HRBP构成。

HRSSC为不同地方(北京、上海、大连等)或不同的业务部门(研发、售前、售后服务等)提供统一的人力资源管理服务。它主要提供三个服务内容:

第一,负责全球或区域的招聘;第二,实施统一整体的薪酬福利体系;第三,进行非核心员工的培训与发展。

三、HRSSC 在企业中的地位

(一)企业构建 HRSSC 的意义

企业构建 HRSSC 的目的,主要在于整合资源、降低运营成本、提高企业管理效率,为员工提供更优质的服务。

HRSSC 成立后,业务部门可以更加专注于核心业务的开展,提高运营效率,从而使其更加专业化,更具有竞争力,并在与业务部门服务的过程中建立且强化与业务部门的合作伙伴关系。

1. 集中服务、降低成本

HRSSC 是企业业务部门的服务与支持伙伴,它不再行使人力资源的管理职能,而是针对业务部门的需要提供集中性服务。由于将整个组织的资源集中利用,更容易形成规模效应,降低成本。

2. 服务专业化和标准化

共享服务中心通过建立统一的服务标准和流程,以及专业分工提供更加专业的服务。相较于以往传统的做法,可以有效避免和减少标准不统一、执行偏差等诸多不公平现象,提高员工满意度。

3. 提高效率、聚焦战略

通过专业化、标准化的服务,可以有效提高企业人力资源的运营效率,人力资源从业者也可以从行政事务中解脱出来,将精力主要用于战略性人力资源管理,聚焦于员工能力提升、团队建设和绩效管理的落实。

(二)HRSSC 对企业信息化的要求

企业构建 HRSSC 的先决条件,是已经具备较为完善的人力资源体系,并且集团内各事业部、各区域的政策流程一致。同时，在信息化方面，拥有集中和准确的人力资源数据。

（三）HRSSC 未来的发展趋势

一般来说，HRSSC 并不是企业内部的第一个共享模块，不少企业通常在 HRSSC 推行之前，更倾向先着手于财务、IT 或采购等共享模块的建立，逐渐开始建立人力资源共享服务中心。

企业一旦着手构建 HRSSC，就意味着这是一笔不小的投资，这笔支出往往需要公司 CEO 甚至董事会商讨之后才能决定，而非人力资源总监直接决定。

目前，人力资源管理已经逐步进入"共享时代"，三支柱模型下的 HRSSC 为现代企业提供了一种新的管理模式。伴随着"互联网+"时代的到来，人力资源管理面临着前所未有的机遇和挑战。

针对 HRSSC 的发展趋势，我们总结了以下几个方面：

第一，一致性和质量，而非成本，是实施全球共享服务的关键驱动因素；

第二，人力资源组织越来越趋向于以客户为中心的模式；

第三，外包仍然是重要的形式；

第四，政策和流程标准化是共享服务能够成功运作的前提条件；

第五，通过建立区域服务中心实现全球协同；

第六，共享服务落地需要严格的变革管理。

四、在中国企业实施 HRSSC 的关键因素

（一）逐步转移，最小化风险

如前文所说，HRSSC 无法一蹴而就，在逐步推进的过程中，很多企业的 HRCOE 和 HRBP 仍要承担事务性工作，导致这种变革在企业内部会遭到很多质疑。其解决方法是在 HRCOE 和 HRBP 中设立过渡性岗位，专职承担事务

性工作,并随着 HRSSC 进程的推进,逐步转移过去。

(二)提升网络自助服务功能

由于 IT 技术没有得到充分运用,中国的员工更加习惯于"高接触式"(high-touch)而非"高科技自助式"(high-tech)的服务。企业需要提升网络自助服务功能,并实施有效的变革管理,转变员工现有的以面对面为主的服务获取习惯。

(三)正确选择 HRSSC 服务范围

需要注意的是,适合纳入 HRSSC 的事务性工作,往往具备量大、事务性、容易标准化/集中化的特点,同时,还具备高合规性、可自动化处理等特性。并不是所有的事务性工作,都能纳入 HRSSC 的工作范畴,因此,即便建立了 HRSSC 后,HRCOE 和 HRBP 仍会有少量的事务性工作。

(四)成功的选址事半功倍

在制订选址决策时,企业应该重点关注规模效益、人才、基础设施和业务四个因素:第一,规模效益:发挥规模优势,降低运营成本以及管理难度,如果公司存在其他共享中心,共址建设,成本更低;第二,人才:需要重点考虑可供选择人才的数量和质量、离职率和工资成本等;第三,基础设施:包括电信、电力、交通房产等;第四,业务展望:业务开展难易度、税收、供应商成熟度、公司的市场拓展难易度等。

反思

1. 相较于HRBP、HRCOE，HRSSC在组织结构和运作结构上，有哪些特点，这对HRSSC的实施有什么影响？

2. HRSSC的构建对企业来说，有哪些价值和作用，如何看待它与HRBP、HRCOE之间的关系及在企业中的角色和位置？

3. 结合当前中国企业发展的实际情况，在实施HRSSC的过程中，有哪些关键因素需要重点关注，具体操作中还需要注意什么？

改进措施

1. _____
2. _____
3. _____

第二节 HRSSC 的角色与职责

一、HRSSC 的角色与职责概述

HRSSC 通常需要一个分层的服务模式来最大化工作效率，如图5-3所示。

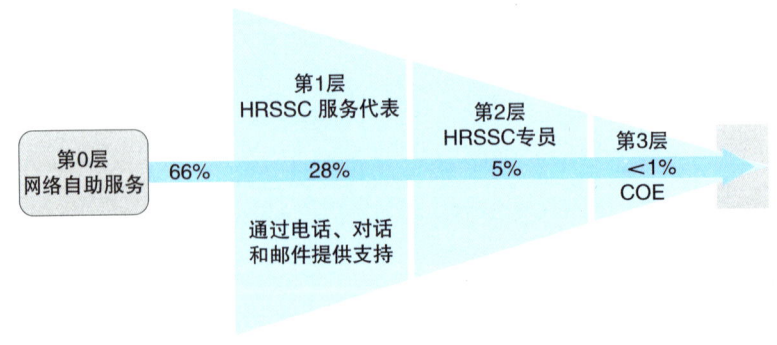

图5-3　HRSSC 分层服务模式

第0层，网络自助服务：在这一层，管理者和员工，可以通过网络平台上的自助服务，解答人力资源问题并完成人力资源事务处理。这一层通常可以

处理66%的问题。

第1层，HRSSC 服务代表：在这一层，接受过综合培训的 HRSSC 代表将解决涉及领域较为宽泛的一般问题，可以通过电话、邮件进行问题处理。这一层通常可以处理28%的问题。

第2层，HRSSC 专员：在这一层，由掌握专业技能的人力资源专员负责处理，本地 HR 或 HRBP 可根据具体的查询内容选择介入。在这一层通常可以处理5%的问题。

第3层，HRCOE：升级到第3层的复杂查询，由 HRCOE 或职能专家负责处理。在这一层需要处理的工作量不应该超过1%。

（一）HRSSC 的角色

HRSSC 是一种新的管理模式，这一角色通过引入市场运作机制，它在企业内部独立运作，为企业内部提供服务，通过服务创造价值。

HRSSC 的角色分为下面三种，如图5-4所示：

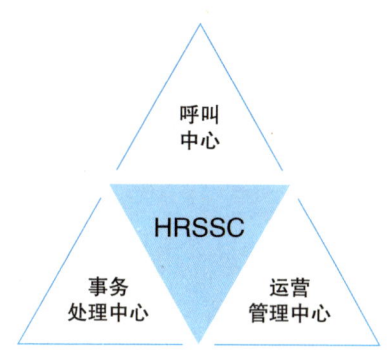

图5-4　HRSSC 的角色分类

第一种，员工呼叫中心：支持员工和管理者发起的服务需求。

第二种，人力资源流程事务处理中心：支持由 HRCOE 发起的主流程的行政事务部分（例如发薪、招聘等）。

第三种，HRSSC 运营管理中心：提供质量、内控、数据、技术（包括自助服务）和供应商管理支持等。

（二）HRSSC 岗位职责

第一，搭建 HRSSC 集中服务中心（集中人力资源行政服务和提供人力资源专业咨询服务），建立统一的服务流程与规范化的操作标准，定期调整和优化流程，监管流程正常运行。

第二，拟订招聘计划，发布招聘需求，评估应聘者情况，办理入职手续，招聘成本控制。

第三，根据绩效管理制度，结合部门责任、岗位职责统计，分析员工工作时效和胜任力。

第四，根据绩效考核管理，编制季度、年度变革推动方案。

第五，完成月度、季度、年度人力成本分析报表。

第六，完成月度、季度、年度人力产出分析与提升汇报表。

第七，维护劳动关系，根据劳动法合法规避劳动雇佣风险，监督员工劳动保护。

第八，工会协调。

第九，建立规范的员工人事信息（花名册、岗位职责表、绩效考核统计表等），管理员工档案（员工档案信息、员工动态信息表等）管理体系，并实时更新和维护。

第十，协助 HRCOE、HRBP 完成人力资源部的各项事务。

二、如何构建高效的 HRSSC

（一）HRSSC 的构建步骤

HRSSC 的构建分为五个步骤：

第一，项目论证和启动阶段。

在这一阶段，主要是进行项目论证，分析实施变革的利弊以及可能出现的问题，针对性制订应对措施。这个过程中要争取企业高层管理者的支持，同时要宣传培训，加深员工对共享中心的认知。

第二，设计和构建共享服务模式阶段。

这一阶段是 HRSSC 构建的核心阶段，包括选择共享服务的内容、范围、服务对象、费用情况、选址、服务流程、共享技术的确定等。

第三，实施阶段。

按照既定的方案，进行组织建设、人员选定、相关制度的设定等。

第四，运营阶段。

满足客户（主要是业务部门和企业内部员工）需求，不断提高服务水平、保证财务指标的实现。

第五，提高和改善阶段。

通过运营，发现并及时改进问题，完善流程，提高运营质量，优化财务指标。

（二）构建 HRSSC 所面临的挑战

HRSSC 是一种新的管理模式，在国外的一些企业已经被成熟地应用。从观念转变的挑战、管理基础配套的挑战、信息技术支持的挑战以及劳动法规方面的限制等因素来看，国内企业的实施，还面临着很多挑战，这意味着企业应该循序渐进，切忌一蹴而就。

1. 观念转变的挑战

传统的人力资源管理习惯于金字塔模式，面对 HRSSC，其角色由管理者转变为服务者和支持者。首先需要观念上转变，需要以新的观念和意识来推动组织变革，适应变革。

2. 管理基础配套的挑战

管理流程的梳理和流程再造，是实施 HRSSC 的前提。因此在实施共享服务中心之前，必须对人力资源管理流程重新进行梳理和变革，完善管理。

3. 信息技术支持

信息技术是实施人力资源共享服务的基础。企业要引进管理信息系统，实施 ERP，基于 ERP 的共享服务才能如虎添翼。应用信息技术的数据集成能够有效地提高共享服务的效率，让跨地域的远程服务与支持变为现实。

4. 劳动政策方面的限制和障碍

由于目前绝大多数企业在劳动合同管理、社会保险管理方面的政策限制，属地管理对 HRSSC 实施有一定的限制，无法实现跨地域的集中管理服务。

（三）建立 HRSSC 的关键要点

1. 战略一致，客户导向

首先，HRSSC 要确保自身的战略方向符合公司总的战略，要关注行业的动态，与公司的核心竞争力保持一致，同时将客户为导向纳入 HRSSC 的愿景当中。优秀的 HRSSC 从一开始就对客户密切关注，致力于逐步缩小与客户期望目标之间的差距。

HRSSC 的客户主要来源于公司内部，HRSSC 必须知道他们的客户是谁以及明确客户的需求，并通过降低成本、提高服务质量、提升效率的方式来提高客户的满意度。

HRSSC 还必须和客户（通常是内部员工）保持持续的沟通，加强客户的参与度，与客户一起定义服务的内容及标准，建立强大的内部客户联系。

总之，客户至上的观念应该贯穿于整个人力资源共享服务的始终。

2. 搭建统一的信息系统平台

企业统一的人力资源信息系统可以说是实现 HRSSC 的基础和前提，主要依靠的是计算机和信息网络技术。如 ERP 系统、数据分析和报告工具、员工和经理自动服务系统、客户管理系统等，将原来分散式的人力资源软件和系统，统一整合并由人力资源共享服务中心来集中管理，从而达到整合资源、降低成本、提高效率的目的。

统一的人力资源信息平台，有利于实现无纸化、电子化的操作方式，节省成本，且更加及时，即使远程管理也不影响服务质量。

3. 做好流程再造

流程再造使服务标准化，这在 HRSSC 的初创阶段至关重要。HRSSC 需要重新定义及整合核心流程，以适应新的服务模式。根据最佳实践再造和规范流程，减少重复和多样化的工作，利用信息技术将服务标准化、统一化、最优化，从而降低成本，提高效率，提升服务质量。

在进行人力资源变革的过程中，大部分公司会把政策作为基础的流程，或者需要特定技能的流程纳入 HRSSC 管理。受制于政策、需要较高操作性的流程，包括工资发放、福利管理、员工信息管理、员工关系管理等。需要特定技能的流程包括：招聘、培训及薪酬管理等。而在所有流程中，工资发放通常是最容易被变革的流程。流程再造时，初期磨合是最容易经受考验的，要改变旧有的流程，需要一些时间、精力、耐心和策略来实现平稳过渡。全面实施 HRSSC 工作，需要 1～2 年的时间。认识到这些时间的要求，有益于公司拓宽实施范围，保证整个实施流程更加井然有序。HRSSC 通过流程再造使流程标准化、专业化，从而节约成本、提高效率。

4. 获得管理层与员工的支持

HRSSC 的项目推行涉及变革管理和思维方式的改变。建立 HRSSC 对企业而言是一个非常大的组织变革，它将原有业务单位的一些人力资源功能剥离，

重新整合后由 HRSSC 统一向企业的所有机构和部门提供。在这一阶段中，企业内部将诞生一个新组织，更重要的是，企业原有的组织结构、工作流程及权限范围都发生了重大变化。所以如何在变革中实施有效的管理，这将是共享服务中心成功的关键。

首先要获得高层管理人员强有力的支持。在启动时需要获取高层对变革的承诺，获得包括董事会、CEO、COO、CFO 等强有力的支持。获得高层的支持才能保证 HRSSC 战略的贯穿和实施。同时，要挑选具备领导素质、善于推动企业文化变革的人员担任人力资源共享服务中心的领导。负责过渡工作的 HRSSC 领导，必须熟悉共享服务中心的运营模式，并在方案设计和实践方面具有丰富的经验。

当然，HRSSC 的实施和成功还需要所有 HRSSC 员工的参与和持续推动。过渡时期 HRSSC 队伍的素质和经验在很大程度上决定了成功的概率。不少从业者在刚刚调到 HRSSC 时，会感到自己的地位下降了，从有权力和影响力的人力资源管理者变成为公司内部员工服务的人，容易产生消极情绪和抵触心理。因此，需要对转入 HRSSC 的员工加强沟通，使他们明确变革的意义、必要性以及共享服务中心创造的一系列价值，如成本降低、效率提高、更具竞争力等。同时，要使用工作内容丰富化或轮岗等方法，来提升人力资源共享服务中心员工的技能，提高他们的综合服务质量与水平。

反思

1. HRSSC 的分层服务模式，对于企业日常的人力资源管理工作开展带来哪些便利和影响，对 HRSSC 在企业的实施有什么价值？

2. 在企业 HRSSC 实施的各个步骤中，哪一个阶段需要重点关注，结合 HRSSC 的岗位职责，有哪些注意事项？

3. HR 应该如何看待调入 HRSSC 后"地位下降"的假象，可以采取哪些措施来有效预防和改善？

改进措施

1. _____

2. _____

3. _____

第三节 某大型集团公司 HRSSC 实施案例

一、某大型集团公司介绍

创建于1988年的某大型集团公司,其主营业务是一次性医疗器械,近年来,逐步发展到航天军工、房地产、证券投资等五大产业,占地面积200多万平方米,总资产200多亿元,员工16000多人,下辖30个子公司。

该企业系国家863产业化基地、国家火炬计划重点高新技术企业,先后荣获了行业排头兵企业、全国信用企业、中国大企业集团竞争力500强、中国企业信息化500强、中国山东明星企业、山东省百强企业、山东省首批诚信示范企业等荣誉称号。

（一）某大型集团公司 HRSSC 实施要点

表5-1　某大型集团公司 HRSSC 实施要点

战略主题	HRSSC 重点工作计划	主要目标
对接业务战略需求	调研产业集团需求，开展 2～3 项重点工作，强化人力资源对业务的支撑	1. 人力资源业务操作手册/员工办事流程 2. 重点产业集团/子公司招聘支持
夯实基础管理体系	深化 E-HR 系统应用，构建人事运营仪表盘	1. 第一阶段项目验收结项 2. PS 系统信息完整、准确 3. 10 个以上常用人事报表，优化、深度应用
	开展岗位道德规范大讨论，推动"三心"文化落地	1. 输出全员和干部的"三心"文化具体行为规范 2. 输出 5 个以上主要业务系统的具体行为规范
	创新人事服务形式，提升服务满意度	通过就业与社保工作站、员工服务热线等形式，使服务满意度较上年提升 5% 以上
	结合业务需求进一步开展应届大学生培养与招聘	1. 985、211 重点高校应届毕业生招聘 30 人左右，医学类专业应届生招聘 50 人左右 2. 应届大学生培养"青竹计划"全面落实
强化核心人才管理	持续开展人才盘点，推进人才发展计划实施	1. 在子公司中层干部盘点的基础上，根据业务需求，将人才盘点拓展到更广范围 2. 完成财务、质量系统的干部盘点，并强化应用，推进重点职能队伍素质提升 3. 制订全面的后备梯队建设规划，并开展针对性的专项人才培养
	完善招聘渠道，协助产业集团关键岗位人才的招聘，强化对金融板块的招聘支持力度	1. 推动金融板块各公司明晰组织架构 2. 产业集团和金融板块关键人才招聘需求满足率不低于 70%
推动组织优化落地	强化组织绩效考核，加强工资总额管控，建立过程预警机制	1. 按时完成产业集团/直管子公司组织绩效考核 2. 集团整体工资总额不超出年度预算（特殊审批除外） 3. 建立过程预警机制，每月形成统计和分析报表，对问题公司进行预警和督促

续表

战略主题	HRSSC重点工作计划	主要目标
推动组织优化落地	对接管控模式调整与优化，做好集团总部组织架构、职责梳理、权责分工等相关工作	1. 按照董事局和公司领导的要求，在规定的时间内，牵头组织和落实组织架构、职责、责权分工等优化和调整工作 2. 配合落实体制改革各项要求及制度建设
	为促动服务平台持续改善，牵头组织集团总部服务满意度调研和专项整改、优化工作	开展产业集团对集团总部服务满意度调查和评估，并督促各部门制订和执行整改计划，以上内容纳入绩效考核
加强人力资源队伍建设	推进人力资源系统内部学习与分享机制，提升队伍能力	1. 内部培训：由各产业集团轮值承办，组织不低于6场人力资源系统内部交流与分享活动 2. 外部培训：产业集团经理级以上、集团总部主管级以上人员全年至少参与一次与业务相关的外部培训 3. 建立人力资源系统季度例会机制

（二）回顾——2016年某大型集团公司人力资源重点工作完成情况

表5-2　某大型集团公司人力资源重点工作完成情况

重点工作项目	主要目标
人才建设	1. 5月8日召开成立大会 2. 结合后备人才梯队建设规划，完成民兵团成员选拔 3. 规划并组织实施民兵团各项训练 4. 完善民兵团各项体制机制，保障有效运转 5. 根据计划及领导要求，完成相关活动的组织实施
国学公益讲堂	1. 5月22日召开启学仪式 2. 按照计划，每周日组织实施培训课程，2016年实施28期
营销系统轮训	1. 营销干部培训共组织5期，433人参训 2. 业务员培训已完成10期，823人参训
管理干部轮训	举办6期，共429人参训

（三）回顾——2015—2017三年规划完成情况

1.SSC 实施定位——经营人才，支撑业务，驱动组织，夯实基础

表5-3　某大型集团公司 SSC 实施定位表

战略定位	实施要点	路径选择
对接业务战略需求	清晰理解并主动支持业务战略	1. 强化人力资源战略对业务战略的支撑 2. 人力资源管理配合业务发展转型 3. 构建战略导向的人力资源管理体系 4. 定期搜集业务需求 5. 调研并提升业务部门、员工对人力资源工作的满意度
夯实基础管理体系	构建与业务相匹配的人力资源管理体系	1. 集团统一规划体系建设 2. 提升人力资源信息化水平 3. 改善人力运营效率与流程 4. 降低行政事务工作占比 5. 完善绩效管理体系 6. 优化薪酬激励体系 7. 健全培训管理体系 8. 提升各级干部人力资源管理能力 9. 加大基础人才引进、培养力度
强化核心人才管理	以核心人才管理作为重要抓手，推动HR管理整体能力提升	1. 构建管理岗位能力素质模型 2. 进行核心人才盘点 3. 加大核心人才引进力度 4. 加强文化选人 5. 帮助新进核心人才融入 6. 建立核心人才梯队 7. 完善核心人才培养机制 8. 健全核心人才激励机制
推动组织优化落地	明确管控模式，提升组织能力，规范岗位管理	1. 推动管控模式和体制改革落地 2. 持续优化组织结构 3. 构建定岗定编管理体系 4. 规范职位管理体系 5. 优化组织绩效管理
加强HR队伍建设	强化自身队伍能力，保障战略实现	1. 强化人力资源队伍 2. 提升人力资源队伍业务能力 3. 明确人力资源管控界面分工 4. 人力资源事务性工作分层共享

2. 回顾——直管子公司产业集团及工作评价

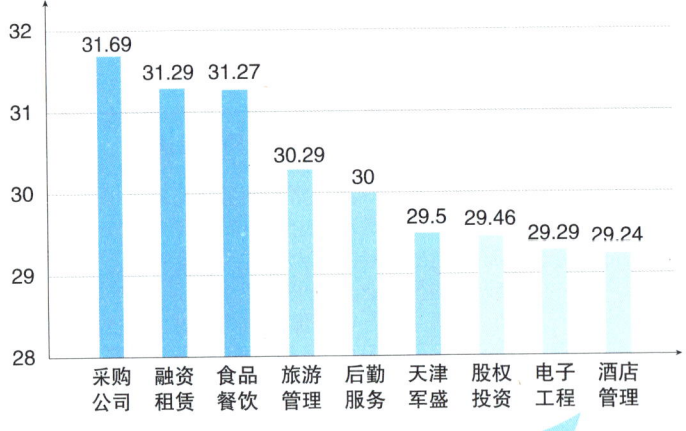

图5-5 直管子公司评估排名

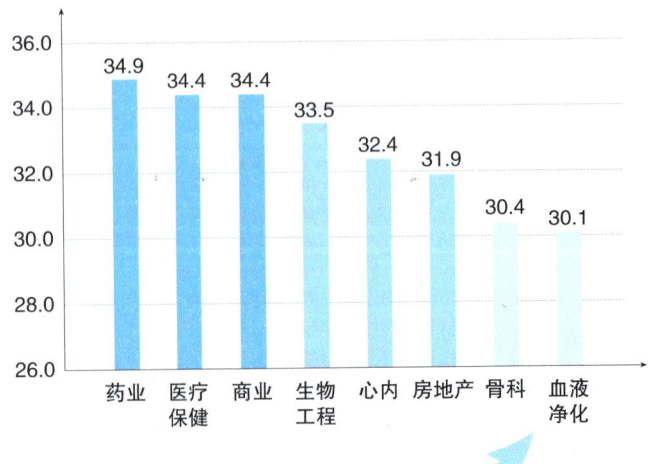

图5-6 产业集团评估排名

说明：

评估人：集团总部人力资源部、集团管理学院各职能模块；

评估维度：工作效率、工作质量、配合度、专业度，共计4个维度；

核算规则：单维度满分10分，共4个维度，合计总分40分，排名取单项平均分总和。

（四）某大型集团公司 HRSSC 文化内涵

1. 工作效率——"快"

（1）年度调薪期间，调度数据量大，时间紧迫，对于不清楚的信息能够及时沟通确认，响应及时。（心内）

（2）校招工作响应速度快，配合度高，积极高效完成"青竹计划"培养工作。（生物科技）

2. 工作质量——"准"

（1）与管理学院共同完成的培训工作均有较高质量，培训效果较好。（药业）

（2）薪酬模块数据，房地产领域能够按时提前完成工作任务并且质量较高。（房地产）

3. 配合度——"谐"

（1）积极配合开展干部盘点、校园招聘、人事服务中心、培训等模块组织的各项工作。（药业）

（2）人力资源经理积极参与职位信息梳理、"青竹计划"等项目，亲力亲为，沟通融洽，全力支持。（商业）

4. 专业度——"精"

（1）专业性较强，工作严谨、细致，能够及时进言献策，主动反馈建设性意见和建议。（药业）

（2）在职位信息梳理工作中，能够先行一步，起到带头作用。（医用制品）

(五)回顾——人力资源系统目前存在的主要问题

1. 对接业务需求不够深入、系统

(1) 流于表面,集团 HR 对基层组织实际业务需求所知甚少,多数产业集团 HR 也如此;

(2) 各成员单位间的沟通、共享机制不健全;

(3) 未能有效发掘共性问题,单兵作战多,上下合力少。

2. 基础管理体系不够扎实

(1) PS (People Soft) 系统数据维护质量低,部分单位未通过系统计算薪酬,薪酬数据统计打乱仗;

(2) 职位名称不规范、不统一,人事运营仪表盘难以有效建立,无法做人事分析;

(3) 制度版本零乱,缺乏一致性、权威性,无法满足业务需要。

3. 人才梯队建设离公司期望差距较大

(1) 中高层后备人才选拔培养机制不系统,体系缺少顶层设计;

(2) 评价方式较单一,评价结果难以直接应用于后备人才选拔;

(3) 各层级、各业务线的高潜后备人才名单难以有效输出。

二、某大型集团公司 HRSSC 规划与实施

某大型集团公司 HRSSC 改革实施主要从坚持客户导向、坚持聚焦核心、坚持抓好队伍建设三个方面入手。

（一）坚持客户导向——走访子公司，对接需求

1. 目标：走访10～15家子公司一把手

表5-4　走访子公司计划表

时间	子公司走访安排
3月	旅游总公司
4月	生物科技集团（生物科技公司、齐全医疗设备公司、医用机器人公司）
5月	医疗商业集团（医药公司、医学检验技术公司）、天津军盛科技公司
6月	医用制品集团（药品包装制品公司、外贸公司）
7月	血液净化集团（医疗控股公司）、房地产集团（商管公司）
后备走访计划	食品餐饮管理总公司、医用制品公司、威瑞外科制品公司、洁丽康生物材料公司、药业集团营销公司、讯通信息科技公司、医疗健康服务公司

2. BP、COE以SSC为中心的关键指标

表5-5　BP、COE以SSC为中心的关键指标

序号	关键指标	主要客户	权重
1	人才队伍建设	集团高层领导、各成员单位	
2	集团总部中高层绩效管理优化项目	集团高层领导、总部各部门	
3	人才发展双通道建设试点项目	相关业务系统负责人及制品集团	
4	敬业度调研试点项目	相关组织负责人	
5	推动"三心"文化落地	集团高层领导、各成员单位	
6	培训体系建设及重点培训项目实施	集团高层领导、各相关组织	

续表

序号	关键指标	主要客户	权重
7	e-HR 系统薪酬优化项目	集团高层领导、人力资源系统	
8	人力资源制度体系建设	人力资源系统	

（二）坚持聚焦核心——某大型集团公司 HRSSC 重点工作

1. 某大型集团公司 HRSSC 重点工作

表5-6 某大型集团公司 HRSSC 重点工作表

战略主题	重点工作计划	主要目标
对接业务战略需求	走访10～15家子公司，对接、支持业务需求	1. 增进沟通，明确需求，提供支持 2. 对广泛共性工作需求，立项重点推进
	金融控股集团筹建	1. 根据年度编制规划，人员基本到位 2. 制度体系、业务管控体系建设初步成型
强化核心人才管理	后备人才梯队建设	1. 领航计划：旅美 MBA 按计划完成培养方案，输出 5 份项目报告或建议书；拟订国内 MBA 项目方案报批 2. 长青计划：针对两类优秀后备人才，组织专项培训、考核、访谈，输出高潜名单 3. 青竹计划：优化培养方案，按计划推进一期、二期培养工作
	试点人才发展双通道建设	1. 完成双通道及任职资格建设方案 2. 试点完成信息技术序列、研发序列双通道及任职资格体系

续表

战略主题	重点工作计划	主要目标
夯实基础管理体系	完善 PS 系统信息，深化系统应用	1. 已上线应用单位，人事、组织、薪酬各项输入 PS 系统信息完整、准确 2. 建立薪酬总额、个人工资水平日常统计机制，每月报送审核 3. 优化常用人事报表，深度应用 4. 探讨 PS 二期上线问题，输出初步方案
	HR 制度体系建设	1. 完成现有制度梳理，输出制度建设清单 2. 完成年度新增制度建设计划 3. 组织制度学习、考试、比武
	优化职位管理体系	1. 对职位名称进行规范，将全集团职位从 3000 多个缩减至 2000 个左右 2. 对全集团职位分类，建立职位图谱
	招聘工作	1. 2017 届的校园招聘到岗 60 人，其中重点院校 40 人，医学院校 20 人；2018 届秋季招聘签约 60 人（数据口径为集团统一组织校招） 2. 完成集团本部及下属单位 60 个岗位的社会招聘
推动组织优化落地	集团总部中高层绩效管理优化项目	1. 3 月份完成绩效计划评审答辩 2. 组织实施年中、年底述职答辩、考核评价 3. 11 月份完成中高层 360 度评价
	试点敬业度调研项目	1. 完成试点单位敬业度调研工作，输出分析报告，明确各激励要素与敬业度的相关系数 2. 结合分析报告，协助确定重点改善事项及改善计划
	强化编制管理	1. 启用 PS 系统编制管理功能 2. 明确各类人员定义，对各单位的辅岗情况进行调研，提出优化建议
加强人力资源队伍建设	推进人力资源系统内部学习与分享机制，提升队伍能力	1. 坚持严把入口关 2. 线上学习 + 线下学习 + 外部培训 3. 完善人力资源系统季度例会沟通、协调机制

2. 某大型集团公司 HRSSC 重点工作项目

表5-7 某大型集团公司 HRSSC 重点工作项目表

重点工作项目	主要目标
培训体系建设	1. 开发新课程 30 门 2. 认证 40 名新的内训师，内训师授课次数全年不低于 300 次
重点培训项目实施	1. 销售干部培训 2. 财务干部培训 3. 管理干部培训 4. 营销系统全员培训
人才建设	1. 融合人才培养项目，完成年度整组 2. 完成年度各项训练计划 3. 完成年度各项活动与宣传工作

（三）坚持抓好队伍建设——把好入口关

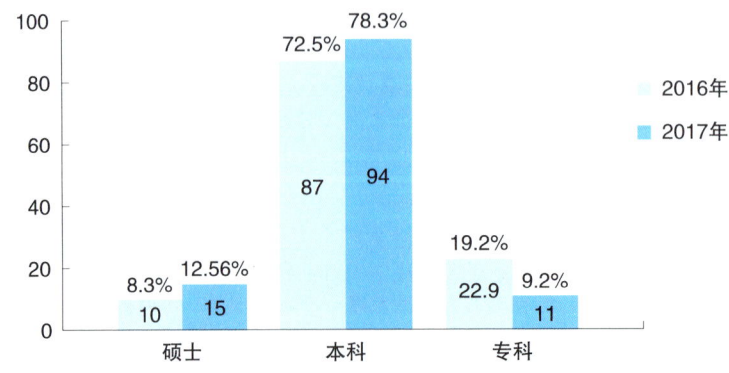

图5-7 HRSSC 人力资源系统结构对比图

表5-8　2015—2016年入职HR学历结构表

学历	硕士	本科	专科
人数	3	21	4
百分比	10.7%	75%	14.3%

表5-9　2015—2017年入职HR学历结构表

学历	硕士	本科	专科
人数	5	34	0
百分比	15%	85%	0

（四）坚持抓好队伍建设——持续学习

线上学习：2017年3-10月，每个月一个阶段，每个阶段1门必修课（人力资源类），1门选修课（通用素质类）；每月对学习情况做总结、通报，如表5-10所示。

表5-10　阶段一线上学习计划

阶段一	必修课	选修课
	《HR必须要了解的管理模型》	《Word商务文档快速制作技巧》
	《人力资源数据分析基础认知》	《PPT内容设计原则》

续表

阶段一	必修课	选修课
	《精准面试的核心流程及有效面试技巧》	《职场人士的魅力沟通术》
	《如何提炼核心岗位胜任能力指标》	《正确认识团队角色》
	《新员工入职管理的关键步骤》	《如何构建结构性思维》
	《有效内训课程的设计原则》	《如何做即兴演讲与发言》
	《建立有效的选拔机制》	《公务交往礼仪》
	《企业规章制度合法有效三个要件》	《职场压力管理法则》

线下学习：人力资源业务学习，分模块培训，5+4，集团总部专业经理（业务骨干）统一授课；资格认证，面试官资格认证、薪酬核算人员资格认证。

外部资源：继续为经理、主管级别提供外出参加培训的机会与优秀资源；部分课程由外部聘请优秀讲师授课。

反思

1. 案例中某大型集团公司 HRSSC 的实施要点中,有哪些是值得你借鉴和学习的,你会如何去运用?

2. 你认为在案例中某大型集团公司 HRSSC 实施上,其成功开展的决定性因素是什么?为什么选择这个因素,结合实际思考,你所在企业在 HRSSC 实施上最核心的因素是什么?

3. 结合你的工作经验和体会,你认为案例中某大型集团公司的 HRSSC 实施上,还有哪些不足之处,可以采取哪些有效措施?

改进措施

1. _____
2. _____
3. _____

后记

键盘的敲击声已经暂停了。本套丛书的最后一本也即将出版发行和读者们见面。

心中还是有许多感慨。因为有大量的读者朋友给我们点赞，也有读者朋友给我们提出不同的意见和建议。我们都对大家的反馈回赞。

有读者朋友常常问："这三本书有什么不同？"我们就简要回复一下：

第一本书《解密 HRBP 发展与体系构建》主要关注人力资源管理发展趋势，就好比是我们手握望远镜，看到未来，去把握人力资源管理实践领域的方向和趋势；

第二本书《精解 HRBP 实战案例·工具与方案》主要关注实操技术。就好比给了我们一条手杖，让我们走得更稳。

第三本书《HR 三支柱落地实施指南》主要关注人力资源管理系统的有效构建。让我们明确实施思路和路径，避免踏入误区。

时代在前进，管理技术在革新。正如中国人民大学彭剑锋教授所探索的：未来的三支柱又会是什么样的呢？

伙伴们，让我们携手同行、共同探索，为创立我们中国人自己的人力资源管理理论艰苦奋斗。

后记

我们奋斗的路上没有句号,只有逗号。

由于我们的水平有限,再加上时间和精力所限,我们期待伙伴们的反馈、意见和建议,以便在再版中优化和完善。

参考文献

[1] 康至军. HR 转型突破：跳出专业深井成为业务伙伴 [M]. 北京：机械工业出版社，2014.

[2] 侯书生. 战略致胜：抢占商海先机与竞争 [M]. 成都：四川大学出版社，2016.

[3] 唐东方. 战略对决 [M]. 北京：中国经济出版社，2012.

[4] 赵巍. 从代工到品牌：外销转内销的深度蜕变 [M]. 北京：机械工业出版社，2013.

[5] [英] 理查德·惠廷顿，王智慧 译. 战略是什么 [M]. 北京：中国劳动社会保障出版社，2004.

[6] 黄卫伟. 以客户为中心：华为公司业务管理纲要 [M]. 北京：中信出版社，2016.

[7] [美] 恰克·马丁，唐兴通，张延臣，郑常青 译. 决战第三屏：移动互联网时代的商业与营销新规则 [M]. 北京：电子工业出版社，2013.

[8] [美] 戴维·尤里奇. 变革的 HR：从外到内的 HR 新模式 [M]. 北京：中国电力出版社，2014.

[9] [美] J. 保罗·迪特曼，苏铁军 译. 供应链变革：制定和实施集成供应链战略 [M]. 北京：机械工业出版社，2014.

[10] 李书玲. 寻找实现组织价值的规律 [M]. 北京：机械工业出版社，2016.

[11] 张鹏彪. 人力资源管理实操：从新手到高手 [M]. 北京：中国铁道出版社，2014.

[12] 郑芳. 资深 HR 手把手教你做薪酬管理 [M]. 天津：天津科学技术出版社，2017.

[13] 徐升华. 解密 HRBP 发展与体系构建 [M]. 北京：企业管理出版社，2015.

[14] 徐升华. 精解 HRBP 实战案例·工具与方案 [M]. 北京：企业管理出版社，2016.

—— 好书是俊杰之士的心血，智读汇为您精选上品好书 ——

《解密 HRBP 发展与体系构建》这本书将全面告诉你 HR 如何成为 BP，他的真知灼见一定会助力 HRBP 的实践。

《解密 HRBP 发展与体系构建》姊妹篇，更多实战案例、工具与方案，传统 HR 向 HRBP 转型的必备工具书。

从逻辑的起点，到形式逻辑的三大基本规律和基本推理，再到 19 种逻辑谬误等概念浅近直白地呈现出来。

这是一本向 3M 光辉创新历史致敬的书，本书是对创新理论的再认识，也是对企业发展基础再思考的过程。

本书是一位阿米巴经营顾问的感悟，一本中国企业阿米巴经营落地教材，打开阿米巴经营的金钥匙。

这本《企业基因图》揭示了创业者是否具有做老板的基因，经营企业的奥秘，至少让你少走五年的弯路。

更多好书
>>

智读汇淘宝店　　智读汇微店

—智读汇系列精品图书诚征优质书稿—

　　智读汇全媒体出版中心是以"内容+"为核心理念的教育图书出版和传播平台，与出版社及社会各界强强联手，整合一流的内容资源，多年来在业内享有良好的信誉和口碑。本出版中心是《培训》杂志理事单位，及众多培训机构、讲师平台、商会和行业协会图书出版支持单位。

　　向致力于为中国企业发展奉献智慧，提供培训与咨询的培训师、咨询师，优秀的创业型企业、企业家和社会各界名流诚征优质书稿和全媒体出版计划，同时承接讲师课程价值塑造及企业品牌形象的音像光盘、微电影、电视讲座、创业史纪录片等。

　　出版咨询：13816981508，15921181308（兼微信）

———— 好书是俊杰之士的心血，智读汇邀您呈现精彩好笔记 ————

—智读汇书友俱乐部读书笔记征稿启事—

亲爱的书友：

感谢您对智读汇及智读汇·名师书苑签约作者的支持和鼓励，很高兴与您在书海中相遇。我们倡导学以致用、知行合一，特别推出互联网时代学习与成长群。通过从读书到微课分享到线下课程与入企辅导等全方位、立体化的尊贵服务，助您突破阅读、卓越成长！

书 好书是俊杰之士的心血，智读汇为您精选上品好书。

课 首创图书售后服务，关注公众号、加入读者社群即可收听/收看作者精彩微课还有线上读书活动，聆听作者与书友互动分享。

社群 圣贤曰："物以类聚，人以群分。"这是购买、阅读好书的书友专享社群，以书会友，无限可能。

在此，我们诚挚地向您发出邀请：请您将本书的读书笔记发给我们。

同时，如果您还有珍藏的好书，并为之记录读书心得与感悟；如果你在阅读的旅程中也有一份感动与收获；如果你也和我们一样，与书为友、与书为伴……欢迎您和我们一起，为更多书友呈现精彩的读书笔记。

笔记要求： 经管、社科或人文类图书原创读书笔记，字数2000字以上。

投稿邮箱： 3391271633@qq.com

投稿微信： zhiduhui9

读书笔记被"智读汇书友"公众号选用即回馈精美图书1本。精美图书范围：1. 智读汇已出版图书；2. 京东、当当书城心仪已久的好书。

每篇采用的读书笔记，两者任选1本，免费赠书（包邮）。

所有智读汇出版的图书背后，都有精品课程值得关注。欢迎咨询作者课程，希望到课堂现场聆听作者精彩分享请与我们联系，我们共同分享阅读、学习与成长的乐趣！

咨询：13816981508，15921181308（兼微信）

欢迎关注智读汇书友

● 更多精彩好课内容请登录 智读汇网：www.zduhui.com